*Eles se acreditavam
ilustres e imortais...*

Michel Ragon

Eles se acreditavam ilustres e imortais...

Tradução
Marcelo Rouanet

Copyright © Édition Albin Michel, 2011

Título original: *Ils se croyaient illustres et immortels...*

Capa: Humberto Nunes

Editoração: DFL

Texto revisado segundo o novo
Acordo Ortográfico da Língua Portuguesa

2011
Impresso no Brasil
Printed in Brazil

Cip-Brasil. Catalogação na fonte
Sindicato Nacional dos Editores de Livros. RJ

R126e	Ragon, Michel
	Eles se acreditavam ilustres e imortais.../ Michel Ragon; tradução Marcelo Rouanet. – Rio de Janeiro: Difel, 2011.
	128p.: 21 cm
	Tradução de: Ils se croyaient illustres et immortels...
	ISBN 978-85-7432-119-6
	1. Celebridades – Biografia. 2. Celebridades – Morte – Biografia. 3. Celebridades – França – Biografia. I. Título.
	CDD: 920.02
11-6207	CDU: 929

Todos os direitos reservados pela:
EDITORA BERTRAND BRASIL LTDA.
Rua Argentina, 171 — 2º andar — São Cristóvão
20921-380 — Rio de Janeiro — RJ
Tel.: (0xx21) 2585-2070 — Fax: (0xx21) 2585-2087

Não é permitida a reprodução total ou parcial desta obra, por
quaisquer meios, sem a prévia autorização por escrito da Editora.

Atendimento e venda direta ao leitor:
mdireto@record.com.br ou (21) 2585-2002

Sumário

Alexandre Dumas 13

René Descartes 29

Gustave Courbet 45

Alphonse de Lamartine 59

Knut Hamsun 71

Piotr Kropotkin 79

Ezra Pound 89

Georges Clemenceau 97

Fréhel 105

Françoise Sagan 113

Quem é esse velho que corre na areia? 119

"Sua reputação não dura nem mesmo enquanto vivem [...]. A gente é reconhecida durante cinco, dez, quinze anos (o que já é muito), e depois tudo afunda, tanto os homens quanto os livros."

Gustave Flaubert

"Por mais que se diga ou queira, o mundo nos deixa bem antes de irmos para sempre [...]. Não passamos de um velho poste de lembranças em uma esquina que quase ninguém mais cruza."

Louis-Ferdinand Céline

Inicialmente, pensara em intitular este pequeno livro de *O crepúsculo dos velhos*, mas esse humor me pareceu um pouco ambíguo para um assunto, afinal, tão sério.

De que velhos se trata? É fato que, para todos os velhos, por mais ilustres e até prolíficos que sejam, a velhice é sempre um crepúsculo. Até o mais ilustre de nossos contemporâneos no século XX, Charles de Gaulle, refletiu desiludido: "A velhice, que naufrágio!"

Escolhemos algumas velhices inverossímeis. Inverossímeis na medida em que, depois de real naufrágio de sua obra, bem como de sua saúde, esses personagens são hoje, novamente, ilustres. O tempo não parece ter apagado nada de sua memória nem de sua obra. Todos tiveram uma velhice trágica, com esquecimento que, para alguns, parecia definitivo.

Como crer que Alexandre Dumas tenha morrido em meio ao olvido e ao aborrecimento? E Alphonse de Lamartine, tão amado, reconhecendo sua velhice lamentável?

Nem mesmo Georges Clemenceau, ídolo da França, sempre venerado, escapou, em seus velhos anos, da ingratidão e da solidão.

Lamartine e Clemenceau despencam ao postular a Presidência, que naturalmente lhes parecia caber; mas, de maneira inesperada e inconcebível, são humilhados: pelo sufrágio universal ou pelo voto dos parlamentares.

Até o mais ilustre escritor da primeira metade do século XX, que nada sofreu com o tempo fugaz, André Gide, declarou, desencantado:

"Estou repleto de dias e ignoro em que empregar esse pouco tempo que me resta de vida [...]. Ah, como é difícil envelhecer bem [...]. Transbordam exemplos de velhices desonrosas" (*Ainsi soit-il*, 1951).

"Velhices desonrosas..." Ele pensava (ele próprio disse isso) na tão inesperada de Alphonse de Lamartine.

Praticamente todos os escritores estão sujeitos, depois da morte, ao que se chama de "a travessia do deserto". Alguns se extraviam, são tragados pelos pântanos da novidade. Raros são os que não parecem desvalorizados, ultrapassados. Se ainda se fala neles, é para demonstrar seu ridículo. Anatole France e Pierre Loti, os autores mais famosos e amados em sua época, foram desgastados pela geração que os sucedeu. Os surrealistas ousaram esbofetear o cadáver do autor de *La Rôtisserie de la Reine Pédauque*, e o tão amado Pierre Loti afundava no ridículo. Ambos estão hoje reabilitados. São relidos com prazer. Existe até uma verdadeira revivescência de Pierre Loti.

Quando eu tinha 20 anos, em Nantes, um poeta era festejado por sessões públicas de leitura. Ele teve até

INTRODUÇÃO

mesmo comemoração no teatro Graslin. Chamava-se Paul Fort e recebera o título de Príncipe dos Poetas em 1912. Ele seria, aliás, o penúltimo portador desse título (o último foi Jean Cocteau).

Paul Fort foi famosíssimo, e com justiça. Do poeta popular que foi, e dos quarenta volumes de suas *Ballades françaises*, permanecem apenas alguns textos encantadores musicados por Georges Brassens.

Quem se lembra de Paul Fort?

E o que aconteceu com Paul Bourget, Marcel Prévost, Henry Bordeaux, Victor Margueritte, preciosidades da literatura na primeira metade do século XX? E o tão popular Maxence Van der Meersch, cujos romances, em sua maioria, se tornarão filmes considerados inesquecíveis?

Quem pensaria que Jean Anouilh, o mais célebre e amado no meio teatral, praticamente deixaria de ser encenado quando Beckett e Ionesco aparecessem?

Essa lista poderia ser cruelmente estendida.

Desconheço se esta anedota é autêntica, de tão inverossímil: Geraldine Chaplin teria contado que, acompanhando seu velho pai na inauguração de uma exposição de quadros na Suíça que atraía multidões, ninguém reconhecia nem se importava com o ancião em cadeira de rodas que Carlitos se tornara. Chaplin, resignado, disse à filha: "Sabe, eu também era conhecido antigamente."

Alexandre Dumas
(1802-1870)

"Estou vindo morrer em sua casa."

Alexandre olha o filho, de quem ele sempre se orgulhara tanto, seu filho, tão hábil em conduzir a carreira e os negócios, proprietário da casa litorânea onde sua vida termina desastrosamente.

Ele que, com os proventos de um único livro, podia construir o castelo de Monte Cristo, terá por morada derradeira um chalé confortável, edificado sobre o penhasco, em meio a cabanas de pescadores e de mansões de veranistas. Seu quarto tem vista para o mar. Quando o tempo está bom, a filha o instala em uma poltrona na varanda.

Alexandre Dumas pensa em todos esses bastardos que ele gerou de forma impensada. Mais de duzentos, diz a lenda. Por que consentiu em reconhecer aqueles dois?

Ele os reconheceu tanto que insistiu em lhes dar não só seu sobrenome mas também seu nome. Há então um Alexandre Dumas Filho e uma Alexandrina. Mais precisamente, Marie-Alexandrine, já que a mãe também quis deixar sua marca.

Como é devido, o pai pródigo sempre preferiu o filho, que não o ama, escandalizado por suas numerosíssimas amantes, enquanto a filha lhe devota tanto amor que lhe estraga a existência.

"Estou vindo morrer em sua casa."

Alexandre Dumas, o escritor que em sua época mais dinheiro ganhou, nada mais possui. Nem teto nem direitos autorais.

O sucesso passou.

Ele não compreende as razões dessa queda.

Em sua poltrona, de frente para o mar, envolvido nos cobertores bordados por Marie, digere, incessantemente, esse golpe.

O sucesso de Offenbach lhe parece ofensa pessoal. Zombar da história é caçoar de Dumas, que tanto popularizou os personagens históricos.

Para enfrentar Offenbach, ele se descabelou tentando reavivar um teatro histórico ao lançar uma subscrição que arruinou sua vida.

Como representar tão grosseiramente os heróis da Antiguidade? E o público aplaude! Essas gargalhadas ante o infortúnio de Menelau ele não consegue assimilar. Não se ria nas reapresentações de suas peças. Exclamava-se, gritava-se de entusiasmo.

Apenas cinco anos antes, Dumas achava totalmente natural escrever a Napoleão III:

"Majestade, havia em 1830, e ainda hoje existem, três homens encabeçando a literatura francesa: Victor Hugo, Lamartine e eu. Victor Hugo está proscrito. Lamartine está arruinado."

ALEXANDRE DUMAS

Napoleão III, porém, só apreciava Offenbach. Ele também.

Um ano antes, Alexandre Dumas assistira ao funeral de Lamartine, pobre Lamartine, poeta fora de moda, sufocado por preocupações pecuniárias, que só sobrevivia copiando.

"Havia, em 1830, três homens encabeçando a literatura..."

A vaidade infantil de Dumas Pai é incomensurável!

Contudo, ele falava a verdade, se esquecermos outros mais humildes. A exemplo de Gérard de Nerval, por quem Marie-Alexandrine foi tão apaixonada. Quer dizer, apaixonada ao modo de menininha desdenhada pelo pai, impensadamente.

Hugo... Lamartine... Alexandre Dumas sempre quis se comparar a eles. Não só se comparar, mas igualar-se a eles. Quando, em 1830, Victor Hugo e Lamartine foram condecorados com a Legião de Honra, Alexandre empalideceu, tanto quanto possível a um mulato. Precisou esperar sete anos para receber a medalha. Humilhado, enfiou-a no bolso.

Mesmo o pequeno Dumas (o "pequeno", como diziam os apologistas do "grande") conhece sucesso duradouro. Seu *A dama das camélias*, tão rapidamente transfigurado pela ópera de Verdi, entusiasma, como outrora as próprias peças teatrais do pai, que ninguém mais encena.

Em sua poltrona de inválido, Alexandre pede a Marie que lhe traga suas obras mais famosas. Ele relê *Os três mosqueteiros* com certa inquietação. Chama o filho.

— O que você pensa de *Os três mosqueteiros*?

— Só penso bem dele.

— E de *O conde de Monte Cristo*?

Alexandre, o pequeno, faz uma careta:

— Não se iguala a *Os três mosqueteiros*.

O sucesso desse *Monte Cristo* foi tamanho que Dumas pôde construir, com seus direitos autorais, um palácio, que perdeu em virtude de dívidas.

O velho Alexandre ousa ainda assim protestar.

— Sabia que operários em Cuba acabam de me pedir autorização para chamar de Monte Cristo o charuto que confeccionam?

Alexandre, o pequeno, caçoa. O pai o irrita com suas perpétuas fanfarronices:

— Seu *Monte Cristo* vai ser consumido em fumaça.

Há também, certamente, uma espécie de vingança no sucesso do filho, durante tanto tempo esmagado pela glória do pai.

Não é casual que, respondendo à truculência, à imoralidade, às extravagâncias de Dumas Pai, o filho construísse obra posando de moralista, vilipendiando a adúltera e exaltando a vida familial.

Fisicamente, os dois Alexandres se pareciam. Ambos eram barrigudos, embora o filho fosse menor. A velhice encolheu o pai alguns centímetros. Ia longe o tempo em que ele se divertia acendendo lustres nos salões sem precisar subir em um banquinho.

Alexandre Pai foi um gigante em todos os sentidos. Agora ele era um ancião mimado por Marie-Alexandrine.

ALEXANDRE DUMAS

* * *

Olha a filha com estupefação. O que não lhe perdoa é sua feiura. Como pôde ele, que sempre teve por amantes as mais belas e famosas atrizes, engendrar esse horrorzinho?

Afinal, a mãe de Marie, Belle Krelsamer, judia alsaciana de cabelos negros e olhos azuis, honrava seu nome [Bela]. Um esplendor que todos os seus amigos cortejavam. E com quem, o que é inacreditável, Dumas vivera durante quatro anos uma vida semiconjugal.

Marie borda as cobertas para aquecer o pai. Ele a olha, estupefato de vê-la já tão envelhecida. Seus olhos negros são tão tristes, e seus lábios inchados parecem exprimir aversão ao mundo e aos homens. Embora acreditasse que devesse casá-la, tendo ela vivido breve casamento aos 20 anos, ele não consegue deixar de considerá-la solteirona.

Afinal, Marie logo abandonou o marido que ele lhe dera para retornar à casa desse pai que ela não deixará mais.

Alexandre lhe oculta suas ligações menos confessáveis, mas deseja que a filha goste de suas amantes oficiais, o que nem sempre se dá sem drama.

As cenas de ciúme de Marie apavoram Alexandre, embora ele já tivesse visto outras. Marie uiva, berra, quebra os bibelôs e os móveis da casa.

Em face das explosões da filha, o orgulhoso Alexandre desaba. Ele lhe permite todos os caprichos, instala para ela um ateliê de pintura. O irmão é escritor, ela será artista pintora.

Ah, por que Gérard de Nerval se enforcou? Ele que sabia conquistá-la...

Marie jamais esqueceu aquele que, quando ela era pequena, lhe contava tão maravilhosos contos. Aquele que chama sempre, cantarolando, como um refrão infantil, de seu "príncipe de Aquitânia sem torre".

Gérard de Nerval teria arrastado a menininha para a mãe ausente e o pai infiel naquilo que ele chamava de "o sol negro da melancolia"?

Marie-Alexandrine jamais se consolou pela morte de Nerval, por sua ausência. Depois de acompanhar seu corpo no velório da catedral Notre-Dame de Paris, passou a vida enlutada, prendendo estranhamente os cabelos, em espécie de coroa fúnebre dourada, que ainda espantava o velho Alexandre, a qual ela se negava, raivosamente, a explicar.

Alexandre devaneia. Sua filha perto dele está absorta em um trabalho de costura.

— Você se lembra de Marie?

— Que Marie?

— Marie Dorval.

— Ah, sim, eu gostava bastante dela. Sempre foi fiel a Vigny.

Marie Dorval, atriz, estrela do Théâtre de la Porte-Saint-Martin, foi, para Vigny, o que Juliette Drouet representou para Hugo.

Ou quase. A história é mais complexa. Juliette apenas amou Hugo, com amor e devotamento imensos. Marie Dorval se dedicou também a seu poeta. Contudo, Alexandre Dumas era tão sedutor e hábil que Marie não evitará uma noite com ele, inesquecível para ela, talvez pelo prazer, mas certamente pelo remorso.

De todo modo, em maio de 1849, quando Vigny, aposentado em Charentes, rompe sua relação, Marie Dorval recorre àquele a quem ela chama de seu "bom cão".

Alexandre atende. Marie Dorval agoniza. A criadora de *Antony*, a mais famosa estrela do teatro popular, com Frédérick Lemaître, morre em total indigência. Sua carreira terminou bruscamente com a queda do romantismo.

Recusada na condição de estagiária na Comédie-Française, mesmo se oferecendo a aceitar qualquer papel, Marie não conseguiu nenhum. Todos a abandonaram, exceto o "bom cão".

Ela suplica a Alexandre que ele impeça a qualquer custo que joguem seu corpo na vala comum.

Seiscentos francos são necessários para uma concessão. Alexandre, ora riquíssimo, ora arruinado, só tem 200. Recorre, então, a Hugo, que duplica a quantia. Os 200 faltantes Alexandre mendiga no Ministério do Interior e consegue.

O corpo de Marie Dorval não é jogado na vala dos anônimos, mas é simples jazigo provisório. Para a concessão perpétua, depois da morte da atriz, Alexandre escreve apressadamente *La Dernière année de Marie Dorval*, que dedica, com certa malícia, a George Sand.

ELES SE ACREDITAVAM ILUSTRES E IMORTAIS...

— Lembro-me, diz Marie-Alexandrine, daquela grande cesta de flores que ela lhe trouxera um dia, com um negrinho que você manteve na condição de empregado enfiado nas flores. Isso quando você tinha empregados domésticos.

Alexandre resmunga. Ele detesta essas lembranças à sua própria negritude.

Os últimos meses de Alexandre são tranquilos. Quem pensaria que um dia ele pararia de escrever, que não teria mais vontade de escrever? Ele dorme muito e, ao acordar, chama suas netas para jogar dominó.

Em 2 de setembro de 1870, seu filho vem lhe contar o desastre militar e a capitulação de Napoleão III em Sedan.

No dia 4, anuncia-lhe sem prazer que a República foi proclamada em Paris.

O velho Alexandre não diz nada, mas deixa escorrer algumas lágrimas.

Sempre foi republicano e não se comprometeu com o Império.

Sem comentários, pede que chame Marie para que ela empurre sua poltrona rolante para o terraço. Em frente ao mar, no horizonte que Alexandre olha com atenção extrema, murmura simplesmente:

— Hugo deve estar inquieto em seu rochedo.

Ter sido multimilionário e agora só possuir dívidas. Ter derrotado Hugo em número de leitores e ver sua popularidade desmoronar... O velho Alexandre cochila. Sua glória passada lhe retorna nesse semissono como em um sonho. Ele sonhou tudo isso? Fantasiou tudo?

Recusou-se a relaxar nesses dois últimos anos. Chegou a criar jornais: o *D'Artagnan*, em 1868, que desapareceu em cinco meses; o hebdomadário *Théâtre-Journal*, moribundo logo depois.

Alexandre já havia publicado suas memórias. Uma continuação, *Nouveaux mémoires*, recuperaria seus leitores. Inicialmente publicadas na primeira página do *Soleil*, o insucesso é tão grande que o jornal as passa para a terceira página e finalmente as abandona.

Resta-lhe, então, reaparecer no teatro, que tanto o festejou! Alexandre propõe um drama, *Madame de Chamblay*, que não se sustenta.

Uma degringolada incompreensível. Enquanto isso, os romances do filho multiplicam suas edições.

É o que também ocorre com *Madame Bovary*, de certo Flaubert! Ele o leu em dez dias, de tal modo a trama lhe pareceu fraca e os personagens caricaturais. Esses jovens romancistas não têm mais imaginação!

Alexandre está arruinado, abandonado por seus leitores (mas, deve-se dizer, muitos já não pertencem a este mundo), prostrado pela velhice e pela doença.

No dia seguinte, quando o jovem Alexandre (que já está com quase 50 anos) se aproxima da cabeceira do pai, este lhe mostra os dois luíses de ouro que depositou na mesinha.

— Olhe, todos disseram que eu era pródigo; você mesmo fez uma peça a respeito. Você vê como a gente se engana. Quando desembarquei em Paris, tinha dois luíses no bolso. Olhe... Eu os tenho ainda...

Alexandre está morrendo de quê? Ele não está tão velho, só tem 68 anos. Seu aspecto físico não mudou nada. A cabeleira crespa continua farta. Tornou-se apenas grisalha.

O rosto está um pouco cheio, e os cordões do pequeno colete ameaçam rebentar pela pressão de seu abdômen.

Malgrado sua decadência psicológica, Alexandre insiste em cuidar da própria vestimenta, e Marie cuida para que o nó borboleta esteja impecável abaixo do queixo duplo.

O filho resmunga que seu pai morre sifilítico, que é a vingança da moral, que as mulheres humilhadas se revoltam.

Em verdade, apesar de todos os seus excessos, o velho Dumas não está nem sifilítico nem cirrótico. Os médicos diagnosticam diabetes e hipertensão como causa de seus tremores.

Mesmo só podendo se deslocar em poltrona rolante, ele não está aleitado.

Gigante curvado, só consegue se levantar de seu assento com o apoio das mãos.

Levanta-se. Quanto a andar... As pernas já não o sustentam mais, seu corpo está deveras pesado. A alta estatura diminuiu. Esse colosso se tornou massa informe.

Os desconfortos da velhice o atormentam. Seu sexo, do qual tanto se orgulhara, agora o envergonha. Ele, tão sólido, tão volumoso, satisfazendo tantas vaginas ávidas, tornou-se pequeno apêndice miserável incapaz até de reter uma urina rebelde. Precisa chamar alguém para que sua incontinência não molhe as calças.

Seu corpo, motivo de orgulho e de robustez, tornou-se fardo. Perece, desloca-se, afunda.

A memória fabulosa, que lhe permitiu ressuscitar séculos de história, perde-se, fraqueja. Ele procura as palavras, quebra a cabeça para uma simples réplica.

Tanto que não tem mais vontade de escrever, de ler. Não tem mais vontade de nada.

Um dia, de manhã, Alexandre Filho o reanima bruscamente ao lhe anunciar que Garibaldi está na Borgonha e que, encabeçando seus legionários de camisas vermelhas, combate, diante de Dijon, contra os prussianos.

Alexandre Pai tenta bruscamente levantar-se, recaindo em sua poltrona.

— Eu não escrevi só romances históricos — exclama. — Com Garibaldi, eu fui o herói de um romance histórico.

Afinal, juntara-se a Garibaldi em sua tentativa de conquista do reino de Nápoles, oferecendo seu veleiro (ele possuía até um navio tripulado na época) ao herói da independência italiana. Não tinha ele, contra o papa, exaltado "O Evangelho da Santa Carabina"? Não tinha também, com Garibaldi, sonhado com uma última cruzada para expulsar os turcos da Albânia e da Macedônia, até Constantinopla?!

ELES SE ACREDITAVAM ILUSTRES E IMORTAIS...

— Sim — resmunga Alexandre Filho —, mas foi você que enfim foi expulso da Itália com uma cantora histérica na bagagem.

Decididamente, pensa o velho Dumas, seu filho não tem espírito de aventura.

Contudo, não é justamente por exprimir o gosto sensato dos burgueses que sua literatura tem tanto sucesso?

— A paixão prevalece — insiste o velho Dumas.

— A paixão não desculpa nada — responde o filho.

Em novembro, a tempestade se forma, e a chuva golpeia violentamente as vidraças do pavilhão. Impossível empurrar a poltrona rolante para o terraço, varrido pelo vento.

O velho Alexandre fica enclausurado no salão e joga interminavelmente dominó com suas netas, que se cansam do perpétuo recomeçar.

Elas se aborrecem com a fanfarronice desse avô que se aferra ao glorioso passado e quer fazê-las saborear suas migalhas.

Não creem em nada do que o avô conta. Como teria ele podido conhecer o rei? Aliás, há muito não há mais rei! De todos os amigos que Dumas diz ter, elas só recitam a poesia de Victor Hugo, que, do mesmo modo que Sísifo em seu rochedo, pertence à lenda.

— Você as cansa com suas histórias — diz Marie.

— Não são histórias, você sabe. Afinal, Hugo e Lamartine foram testemunhas no seu casamento!

— Papai, Hugo já estava exilado.

— Não diga bobagem! Será que os 120 mil francos do seu dote não davam o que falar?

— Muito. Mas você se esqueceu de pagá-lo e meu maridinho sumiu.

Alexandre afunda na poltrona, encolhe-se nos cobertores e decide doravante se calar.

Em 5 de dezembro de 1870, às 22h, ele morre silenciosamente.

No dia 6, os prussianos entram em Dieppe.

René Descartes
(1596-1650)

O que Descartes tinha ido fazer na Suécia, senão encontrar a morte, quando ele se acreditava imortal, ou quase?

Sim, René Descartes, que, no *Discurso do método*, elogiava a medicina que pudesse nos "isentar de infinidade de doenças, tanto corpóreas quanto espirituais, e, talvez, até do enfraquecimento da velhice, conhecendo-se suficientemente as causas"; René Descartes, que escreveu um compêndio de medicina em que proclamava sua esperança de viver mais de um século "evitando os erros que costumamos cometer", distraiu-se em face do erro mais banal e tradicional: curvar-se ante os encantos de mulher distante, de quem não vira nem mesmo o retrato.

Existia um homem que, depois de um vintênio, estabelecera-se na Holanda, atraído pela pureza e pela secura do ar, pela discrição dos habitantes e dos invernos temperados, pelo calor constante dos fornos de louça, sem desagradável fumaça.

Havia um homem que amava a solidão, detestava ser incomodado, dormia cedo e se levantava tarde, vivendo da maneira mais simples, só preocupado com cálculos matemáticos e reflexões filosóficas, livre de qualquer inquietação com dinheiro em virtude de suas rendas familiais; um homem que, aos 50 anos, praticamente terminara a obra que projetaria seu nome até nossa época.

Subitamente, essa admirável máquina, regulada ao modo de um relógio flamengo, quebra.

Não lhe faltavam, contudo, correspondentes, admiradores e admiradoras, com quem ele travava longas discussões e polêmicas.

Em torno desse solitário, movimentava-se o pensamento mais fecundo do século.

Ele se encontrara em Paris com Blaise Pascal, mas a paixão dolorosa do último se adaptara mal à secura matemática do autor do *Discurso*.

Não se havia encontrado (felizmente para ele) com Galileu, contentando-se em ler seu relato, depois de publicado, evitando opinar, sendo ele próprio tão frequentemente atacado pelos teólogos calvinistas, e fugindo dos jesuítas como da peste. Na época, a teologia não levava muito facilmente seu contraditor para o inferno.

René Descartes adentrava seu quinquagésimo aniversário sem jamais haver adoecido, tanto que se gabava de estar "agora mais longe da morte do que em minha juventude".

Sempre se interessara pelo avanço da medicina e da mecânica. Sendo o próprio corpo humano um mecanismo

RENÉ DESCARTES

cujas engrenagens Descartes se orgulhava de conseguir analisar, todas, dissecando animais.

Estava convicto de ser possível descobrir medicina fundada em demonstração infalível, e que, conhecendo bem a construção do corpo humano, seria possível prolongar sua duração.

Não ousava prometer, como resultado de suas pesquisas, tornar o homem imortal, embora tivesse a certeza de poder esticar tanto sua vida quanto a dos patriarcas bíblicos.

Em 4 de dezembro de 1637, ele escrevia a seu amigo, o matemático Christiaan Huygens, a respeito:

"Jamais cuidei tanto de minha preservação, e, em vez de pensar, como antes, que a morte só me tiraria trinta ou quarenta anos no máximo, agora ela não conseguiria me surpreender diante de minha esperança de ultrapassar um século."

Portanto, René Descartes, instalado em Leiden, bem longe do mar para evitar a maresia, pouco saía para o labirinto dos canais, cultivando plantas medicinais em seu jardim, dormindo muito, levantando-se para escrever alguns pensamentos ou cartas a seus numerosos correspondentes e voltando a se deitar para meditar.

Nada mais cruel do que esses correspondentes distantes, a quem a gente se sente obrigada, pelo bom-tom, a responder. Nada pior do que esses laços que se formam insidiosamente, para além de mares e montanhas, entre um autor e seus leitores.

Que Descartes se tenha envaidecido com os cumprimentos da jovem rainha sueca, nada mais natural.

Resistirá durante longo tempo antes de morder a isca de Cristina.

Cinco anos de cartas cada vez mais elogiosas e íntimas.

Em 1º de novembro de 1646, decide lhe dedicar suas *Meditações*.

Dois anos de correspondências respeitosas e banais.

Esse presente de uma de suas obras o aprisionará à sua ilustre admiradora.

No mês seguinte, efetivamente, Cristina lhe pergunta: "Entre o ódio e o amor, qual dos dois desregramentos é pior?"

Estará Descartes consciente dessa armadilha? Em todo caso, ele leva dois meses para responder que o amor, possuindo mais força do que o ódio, pode prejudicar mais.

Daí em diante, as cartas de Cristina se multiplicam. O embaixador da França em Estocolmo, que apoia a solicitação da rainha de buscar Descartes na Suécia, esclarece-lhe que essa soberana, tão sábia, apaixonada por obras latinas e gregas, almeja tornar sua capital uma corte de artistas e escritores, e que o filósofo do *Discurso do método* seria seu mais belo ornamento.

René Descartes responde que um homem nascido nos jardins da Touraine deveria evitar viver em uma terra de ursos, rochedos e gelo.

Exorta o embaixador da França a tentar livrar a rainha de sua curiosidade, para que diga a ela que Descartes não é cortesão, tendo sempre se mantido distante da corte de seu próprio país, que ele teme os naufrágios e os ladrões, sem falar das maledicências daqueles que desaprovarão um monarca luterano receber um filósofo católico.

Em 27 de fevereiro de 1649, Descartes recebe o convite imperioso do reino da Suécia para abril, de modo que ele possa, se desejar, voltar à Holanda no inverno seguinte, evitando a triste estação de clima tão severo.

De forma incompreensível, Descartes responde preferir embarcar em setembro e passar o inverno na Suécia.

Por que adiar assim, tão estranhamente, sua viagem?

As iniquidades epistolares fazem-no não se sentir pronto, porque não cumpriu os exercícios mundanos. Ele, antigo militar, sempre vestido sobriamente, crê dever se preparar para a condição de cortesão. Compra luvas de rendas, encaracola e pinta seus cabelos de preto, apara seus bigodes conforme a moda, contrata um valete alemão com aptidões matemáticas e comerciais, que fala francês, alemão e latim.

Em 7 de setembro, a nau comandada pelo almirante Flemming chega a Amsterdã.

Descartes embarca, impensadamente, para sua última viagem.

Carrega seus manuscritos. Por que todos os seus manuscritos, já que ele deve retornar no fim do inverno?

Rapidamente, ao medo da viagem sucede-se o fascínio pela mecânica das velas e das cordas. O navio zarpa de forma suave, deslizando em silêncio sobre as águas calmas do porto. Ao largo, as velas são ruidosamente estufadas.

O navio singra, deixando rastro de espuma. Fascinado, Descartes olha os marujos manejarem as velas desfraldadas ao vento.

ELES SE ACREDITAVAM ILUSTRES E IMORTAIS...

As baías imensas das costas holandesas se distanciavam aos poucos. No alto-mar, Descartes perdeu o medo. A mecânica da navegação o apaixona. Observa os marinheiros que utilizam diversas cordas, manejando polias que movem cada elemento do equipamento: adriças, elevadores de cobertura, carregadeiras, cordames, amuras. Escuta o barulho monótono das vagas com tempo bom, deixa-se embalar pelo balanço regular das ondas, pela vibração dos cabos.

Três semanas depois, chegando a Estocolmo, ele praticamente esqueceu Cristina. O mais estranho é que a rainha também o esqueceu.

Nada está preparado para recebê-lo, nem mesmo alojamento. Por falta de abrigo, refugia-se provisoriamente na embaixada da França.

Enfim chamado, dias depois, ao palácio real, Descartes é conduzido à pequena mulher bonachona que ele toma por uma criada. Contudo, o camarista que o introduz grita "A Rainha", surpreendendo Descartes. Como é possível? Eis, então, a célebre Cristina! Ele esperava uma pedante, mas encontra megera de lábios carnudos escarlates, sem maquiagem nem penteado, que lhe diz em excelente francês, com voz singularmente masculina:

"Gostaria que o senhor compusesse um balé em versos."

Será que a rainha se enganou de visitante? Será que se esqueceu do filósofo que ela recebe tão cortesmente?

Descartes olha essa mulher baixa, encurvada, que de majestoso só tem o traseiro, enorme, insólito para uma jovem de 23 anos.

Continuando a pensar haver engano, ousa lembrar que veio à corte para dar aulas de filosofia à soberana.

"Claro", diz Cristina, "começaremos uma semana antes do Natal. Até lá, o senhor poderá se familiarizar com os costumes do meu país."

Logo Descartes sofre com o frio glacial. Em dezembro, a noite começa às 15h, e de manhã a luminosidade é fraca. A luz das tochas, acesas durante tanto tempo, é sinistra.

Desamparado, Descartes escreve: "Parece-me que os pensamentos dos homens congelam aqui, durante o inverno, do mesmo modo que as águas."

Cresce o desejo de voltar para junto de seu aquecedor holandês.

Três dias depois de seu primeiro encontro com a rainha, a nova conversa é mais pessoal. Cristina informa seu desejo de mantê-lo na Suécia, incorporando-o à nobreza sueca.

Descartes, apavorado, recusa essa honraria, dizendo só tencionar ficar na Suécia até o verão.

Por Cristina lhe falar entusiasmada sobre suas leituras em grego, ele se revolta, tratando a literatura grega de bagatela, indigna do espírito e da condição da soberana.

Isso atrai o ódio dos gramáticos que, momentaneamente, detêm os favores da rainha. Descartes, porém, decidiu dizer a Cristina tudo o que ele pensa, arriscando-se a desagradá-la, o que só lhe permitirá retornar rapidamente para sua solidão.

Nada mais estranho a Descartes do que se tornar cortesão.

Cristina o dispensa, claro, do cerimonial da corte, mas exige que ele venha lhe dar lições de filosofia em sua biblioteca, todas as manhãs, às cinco.

Descartes não ousa lhe dizer que costuma se levantar tarde, depois de dormir umas dez horas.

É em pleno sono, portanto, que ele deve tomar diariamente uma carroça que o conduz ao palácio real, onde a rainha — que se levanta às quatro — o espera impacientemente.

— Meus ministros me cansam — diz — com a multiplicidade de suas leis. Serão todas necessárias? Serão todas elas úteis?

— Um Estado — responde Descartes — é mais bem-regulado quando, tendo poucas leis, elas são estritamente observadas.

Em realidade, esses encontros noturnos com a soberana visam menos a aulas de filosofia do que a diálogo franco.

Cristina: Qual é o pecado supremo?

Descartes: Competir com Deus.

Cristina: Os ateus duvidam de Deus, mas não da matemática.

Descartes: Sem Deus, mesmo a matemática se torna duvidosa.

Descartes logo percebe que essa mulher de pouca vaidade, desgrenhada, de mãos sujas, é realmente inteligentíssima e extraordinariamente culta. Lê fluentemente latim, grego, um pouco de hebraico, fala francês, inglês, italiano, espanhol.

É tão apaixonada pela leitura que carrega livros para a caça, e, às vezes, quando passa horas cavalgando.

Cristina interroga o filósofo sobre o amor e lhe diz que, não tendo jamais se apaixonado, não podia julgar um retrato sem conhecer o original.

— De onde vem esse impulso que nos leva a amar uma pessoa, e não outra?

Descartes silencia um momento, depois confidencia:

— Quando eu era criança, em Touraine, uma garotinha vesga me atraía sobremaneira. Estranho impulso de meus desejos que me levou, durante longo tempo, a amar vesgas. Até que eu compreendesse o defeito e não me comovesse mais.

Cristina: Por que o senhor não aceita a religião de Lutero e de Calvino? Como ainda é possível ser católico?

Descartes: Sou da religião de minha babá.

Cristina: Por que os habitantes do Novo Mundo recusam o cristianismo que tão generosamente lhes levam os espanhóis?

Descartes: Eles rejeitam o cristianismo por causa de um mal-entendido. Temem que, tornando-se católicos, sejam obrigados a ir para o paraíso com os espanhóis.

Cristina: Por que o senhor moldou lentes dirigido por artesão? O que o senhor gostaria de ver que Galileu não viu?

Descartes: Simplesmente, Majestade, eu queria ver, com grandes lentes, se havia animais na lua.

Cristina: Invejo sua ciência.

Descartes: Quanto a mim, jamais presumi ser meu espírito incomum em nada. Instruindo-se é que se descobre a própria ignorância.

"Permita-me contar esta anedota:

"Um dia, meus criados me falam de um mendigo que queria conversar comigo sobre filosofia e que eles expulsaram pensando que queria esmola. O mendigo voltou no ano seguinte; mandei lhe entregar algum dinheiro, e ele recusou. Intrigado, eu o acolhi alguns meses depois. Era um sapateiro que dissertava sobre matemática com grande conhecimento. Tornou-se na Holanda astrônomo respeitado e publicou textos apreciados pelos eruditos."

A relação entre Cristina e Descartes logo intercalaria momentos de entusiasmo com momentos de descaso.

A cada dois dias, o friorento filósofo devia comparecer em uma biblioteca glacial, depois de atravessar ruas cobertas de neve.

Cristina lhe pediu para estudar um estatuto para uma academia científica à qual ele pertenceria. Descartes lhe sugeriu fundar, de preferência, escola de artes e ofícios, com salas para os artesãos e os instrumentos mecânicos, professores de matemática e física.

Isso afastaria os luminares que ambicionavam a instalação na Suécia de réplica da Academia Francesa.

Descartes só escapara das críticas acerbas dos teólogos holandeses para cair nas armadilhas dos luteranos que vigiavam estreitamente a religiosidade da rainha.

Só a religiosidade, não sua virtude.

Certa vez, ele chegou ao palácio para sua aula do dia (ou melhor, da noite) e encontrou Cristina com roupa de dormir, uma coberta sobre os joelhos.

A sábia era então substituída por argumentadora de riso histérico que gostava de chocar o respeitoso filósofo.

Naquela noite Descartes não ensinou. Ao contrário, foi ele quem aprendeu. Magistral lição sobre o soberano desprezo dos monarcas.

Para Cristina, Descartes era um brinquedo, e ela se divertia tanto em adulá-lo quanto em tratá-lo como se fosse um valete.

Ele percebia ter se enganado na Holanda, ao falar, antes de conhecê-la, da virtude dessa "admirável rainha... tão distante de todas as fraquezas de seu sexo e absolutamente dona de todas as suas paixões".

Em realidade, Descartes se perguntava se Cristina era virgem ou prostituta, macho ou fêmea.

Ela mesma dizia parecer homem, tendo voz masculina e até a vulgaridade, assobiando, xingando e engrossando.

Depois a rainha reencontrava suas maneiras de grande dama.

Até o dia em que, reunindo sua corte no salão mais luxuoso do palácio, ela se sentava ridiculamente em seu trono levantando a saia, pernas afastadas, mostrando suas roupas íntimas.

ELES SE ACREDITAVAM ILUSTRES E IMORTAIS...

Seus cortesãos, habituados a suas maneiras, esqueciam sua feminidade e frequentemente a chamavam de rei, o que a envaidecia.

Descartes, que defendia que as paixões ou os apetites não desviassem do que a razão aconselha fazer, espantava-se com os excessos da rainha.

Se ao menos ele tivesse relido, antes de embarcar, as últimas linhas de seu *Discurso do método*:

"Sempre me considerarei mais grato àqueles pelo favor dos quais eu desfrutaria livremente meu lazer do que àqueles que me oferecessem os mais honrosos empregos da Terra."

Durante toda a sua vida, observara constantemente essa resolução, distanciando-se tanto do favorecimento dos grandes capitães, ao participar da Guerra dos Trinta Anos, quanto dos faustos da corte francesa, da qual jamais se aproximara.

Sua fortuna familial lhe permitia nunca aceitar dinheiro, exceto o dobrão de ouro recebido em 1618, tradição dos contratados de Maurício de Nassau, por ele conservado durante toda a vida como lembrança.

Descartes o carregara consigo para a Suécia e, às vezes, retirava-o de seu estojo para, por seu intermédio, contemplar as peregrinações de sua livre juventude.

O filósofo sempre preferiu ser espectador a ator. Adorou viver nos Países Baixos: sentia-se "tão solitário quanto nos desertos mais remotos".

Agora, ei-lo enredado pelo prestígio de mulher que, por mais sábia que fosse, ele perceberia não passar de miserável criatura, assim como todos nós.

Descartes vai à Suécia para dar à rainha lições de filosofia, porém ela exige de seu convidado balés em versos.

Cristina gosta de dançar os balés que escrevem sobre ela. No espetáculo *Diane victorieuse de l'amour*, a rainha fica com o papel de Diane, que exprime sua aversão ao casamento.

Satisfeita com seu filósofo transformado em poeta, Cristina lhe pede que dance o balé com ela.

Descartes, apavorado, que jamais dançara aos 55 anos de idade, percebe o ridículo do par que formaria com essa jovem tão frívola.

Ele ousa recusar.

Em compensação, Cristina lhe pede que componha versos franceses para o próximo baile em homenagem à paz assinada em Münster.

Tendo ido à Suécia com o objetivo de instruir a rainha quanto aos progressos da filosofia, em realidade Descartes lhe dará poucas aulas. Só quatro, de 18 a 31 de dezembro. A quinta, de 18 de janeiro, será a última.

O frio, a insônia, o desconforto de estar em um mundo que ele execra venceram sua paciência. Voltando a seu quarto, deita-se fortemente febril.

Descartes, que jamais adoecera, que dizia estimar tão pouco as drogas e os boticários, não ousando aconselhá-los

ELES SE ACREDITAVAM ILUSTRES E IMORTAIS...

a ninguém, subitamente se defronta com os médicos que a rainha lhe envia.

Esses querem lhe aplicar os dois tratamentos-padrão da época: lavagem e sangria.

Persuadido de que "a sangria encurta nossos dias", ele a recusa indignado. Não aceita nem comida nem remédio.

Descartes conhece uma emulsão infalível, que pede que lhe preparem. É só infundir tabaco no vinho que ele expectorará e escarrará o sangue escuro.

O médico holandês, horrorizado com tal prescrição, julgando o remédio pior do que o mal, manda diluir muito o vinho e usar pouco tabaco.

Descartes teve razão de recusar lavagem e sangria? O médico errou ao diluir o remédio?

Seja como for, em 11 de fevereiro de 1650, às 4h, Descartes expira.

Ele, que tanto repetira que viveria além de um século "evitando os erros que costumamos cometer", não evitou o erro supremo, o de se deixar importunar por uma louca.

Descartes acreditava que a rainha o amava (quer dizer, amava seu espírito), e ela o matou.

Gustave Courbet
(1819-1877)

Quem é esse homem gordo levando uma vida provinciana na cidade perto do lago Léman?

Um pintor? Certamente. Embora os dois quartinhos miseráveis e tão baixos, obscuros, onde ele se aloja, desfavoreçam esse ofício que requer luz.

Contudo, se nos arriscarmos a subir uma escadaria trêmula, chegaremos a um cômodo cheio de mesas.

Sobre a lareira, cores baratas, em potes comprados na farmácia. Cavaletes instáveis, alguns banquinhos.

Quem abordasse o artista depararia com um homem obeso, deslocando-se dificilmente, e que recebe o visitante desconhecido com amável simplicidade.

Única obrigação: despejar 50 cêntimos de entrada em caixa de charutos antes de subir para ver os quadros, desde que os infelizes passantes possam dar o óbolo antes de seguir viagem, é claro.

Ao visitante pouco entusiasta dessas paisagens acumuladas em um cômodo só e que se lembra do gênio do exilado, um pedido de desculpas:

"Eles me tomaram tudo o que eu tinha para reconstruir a Coluna. Devo continuar a pintar, senão, como viver?"

Quem teria reconhecido nesse ancião decrépito o soberbo Gustave Courbet, ontem ainda tão orgulhoso de seu aspecto e de seu imenso sucesso?

A prisão, a doença, o exílio aniquilaram o mais célebre artista do Segundo Império.

Courbet ignorava que a queda de Napoleão III, a qual desejava tão intensamente, precederia a sua própria.

Um ano antes do desastre de 1870, Courbet atingia o ápice de sua glória; no Salão de Exposições, seu *Luta de cervos* estava na sala de honra. O rei da Baviera o nomeava cavaleiro da Ordem do Mérito de São Miguel. Ele recusava a Legião de Honra e escrevia a seus pais, com certa ingenuidade malandra que o caracterizava: "Sou o primeiro homem da França."

Evidentemente, a Comuna de Paris enalteceu esse artista, amigo e discípulo de Proudhon. A Comuna não comprara seu decano pelo preço de um quadro sorteado na loteria.

Presidente da Comissão dos Artistas, depois eleito delegado da 6ª Circunscrição de Paris, Courbet exulta.

O desastre da Comuna, em 29 de maio de 1871, derrubaria Courbet, inculpado pela destruição da coluna Vendôme.

GUSTAVE COURBET

Ele tanto reivindicara o que chamava de "o desmonte da Coluna" que o governo Mac-Mahon o considerava o único responsável, o que era ao mesmo tempo odioso e ridículo.

Preso, em 7 de junho, primeiro no pomar de Versalhes, Courbet, sempre ingenuamente pretensioso, faz a Jules Ferry e a Jules Simon uma proposta absurda, que depois será relembrada contra ele:

"Já que teimam em me responsabilizar pela queda dessa Coluna, proponho, e me farão um favor se aceitarem, custear seu reerguimento."

Por sua conta? A reconstrução da coluna Vendôme está estimada em 323 mil francos, ou quatro vezes os créditos de aquisição dos museus nacionais no mesmo ano. Soma enorme que Courbet, arruinado, com os quadros confiscados, é incapaz de juntar.

Indubitavelmente, Gustave Courbet é, depois de Ingres e de Delacroix, e antes de Manet, o maior pintor do século XIX. Nunca duvidou disso. Até se glorificou muito, esmagando, com sua empáfia, todos os rivais.

Assim, sua queda brutal, sua arte execrada publicamente por medíocres concorrentes ("É necessário agora que ele esteja morto para nós", proclama Meissonnier) o surpreenderam tanto que se sentiu aniquilado.

A carreira de Courbet foi escandalosa pelos temas de seus quadros e pela violência de suas cores e brilho.

Foi o artista mais ridicularizado e, ao mesmo tempo, o mais celebrado. Elogiaram-se sua beleza física, sua genialidade propagandística, a fecundidade de seu talento.

49

ELES SE ACREDITAVAM ILUSTRES E IMORTAIS...

Terminado o Segundo Império, é o artista mais festejado e influente junto aos jovens colegas que, em poucos anos, criarão o impressionismo.

Em alguns meses, porém, tudo desmorona. Preso, ao caminhar de Paris ao pomar de Versalhes, é cuspido no rosto, uma senhora lhe quebra uma sombrinha na cabeça, crianças jogam lama nele.

O conselho de guerra reunido em Versalhes lhe prepara um "grande processo". Afinal, não é Courbet o mais conhecido membro da Comuna? O tribunal quer fazer desse acusado excepcional um exemplo.

Designam-lhe uma sala de dois mil lugares, as poltronas de veludo vermelho reservadas a personalidades. Trezentas aos deputados. Oficiais de estado-maior, em uniforme de gala, conduzem as damas a seus lugares.

Courbet está quase irreconhecível. Abatido, doente, tendo perdido sua legendária robustez. Processo interminável, em que o artista literalmente afunda em sua banqueta. De tal modo que, a cada dia, uma poça marca seu lugar. O guarda a exibe aos curiosos que visitam a sala nos intervalos entre as sessões e lhes diz: "Eis o local em que o senhor Courbet transpira todo dia há três semanas, do meio-dia às 18h."

Ingênuo e megalômano, Courbet não entende o que se passa com ele. Finalmente, o tribunal se mostra indulgente no que diz respeito à condenação à morte de seus coacusados, Ferré e Rossel.

GUSTAVE COURBET

Seis meses de prisão. Courbet considera justo ter se livrado de sentença mais pesada, ignorando que a acusação de ter provocado, como membro da Comuna, a destruição da coluna Vendôme envenenará os últimos anos de sua vida.

Em 19 de junho de 1873, o ministro das Finanças ordena o sequestro de todos os bens do artista.

À confiscação de seu ateliê da rua Hautefeuille segue-se a de suas demais propriedades e contas nos diferentes bancos e negociantes de quadros.

Sem escolha, só lhe resta o exílio.

Em 23 de julho, chega à Suíça, do outro lado de suas caras montanhas jurassianas.

À margem do lago Léman, em uma casa de pescador, Courbet se levanta tarde, demora-se no Café du Centre e volta para pintar até tarde da noite.

Esse exílio teria sido idílico se não começasse em Paris um processo para a reconstrução da Coluna. Sua derrubada se tornara, em alguns anos, como que o símbolo dos crimes da Comuna.

Um ódio demente, ódio de classe contra o filho de camponeses de Franche-Comté, ódio do parisiense contra o provinciano, provoca declarações ignóbeis contra o vencido.

Alexandre Dumas Filho ousa escrever: "Que tocar de sino, com auxílio de que esterco, em virtude de que mistura de vinho, cerveja, muco corrosivo e edema flatulento, pôde impelir esse bolão barulhento e peludo?"

ELES SE ACREDITAVAM ILUSTRES E IMORTAIS...

"De qual acasalamento fabuloso, de lesma com pavão, de quais antíteses genéticas, de qual secreção sebácea pôde ter sido gerada, por exemplo, tal coisa chamada senhor Gustave Courbet?"

E Barbey d'Aurevilly deseja que se "mostre a toda a França o cidadão Courbet trancafiado em jaula de ferro no pedestal da Coluna".

Arrasado pela monstruosidade do novo processo, o artista se desencanta:

"Hoje eu pertenço nitidamente, pagas todas as despesas, à classe dos homens cordiais e devotados, desinteressados, que foram mortos lutando pela República e pela Igualdade."

Sua obesidade suscita a espirituosidade dos caricaturistas. Bola, cisterna... Existe pintor mais caricaturado do que Courbet? Certamente não. Sua figura gargantuesca é onipresente; gargantuesca porque é sempre desenhado enorme, barrigudo, bundudo, fumando cachimbo, com paleta e desenhos a tiracolo. Tudo é ridicularizado. Nenhum quadro de Courbet é poupado pelos caricaturistas, que tornam risíveis as obras que hoje admiramos no Museu de Orsay.

Edmond de Goncourt, em 15 de março de 1872, quando Courbet acabava de expiar a pena de seis meses de prisão, e quando numerosos quadros seus foram roubados durante sua ausência, notava em seu *Journal*: "A besteira de Courbet, tolice cômica por ser tola [...]. No momento, ele está arrasado, encolhido, quase modesto, parecendo cão que acaba de ser pavorosamente surrado."

Courbet vencido, humilhado, arruinado, envelhecido de forma precoce, é ignominiosamente gozado, porém conserva seus seguidores.

Sob sua influência, cria-se na Suíça uma escola de paisagistas regionais que verdadeiramente o cultuam. Cherubino Pata (1827-1899), suíço do Tessino, que Courbet encontra em Paris durante a Comuna, contribui muito para que o autor do *Enterro em Ornans*, arrasado e quase desesperado, retome seus pincéis. Pata o arrasta às montanhas para o incitar a pintar, ajudando-o, quando necessário, a preparar as cores.

Ao mesmo tempo seu assistente e empresário, não larga de Courbet nos últimos anos de vida do artista. Nessa espécie de ateliê coletivo que se organiza em torno de um Courbet enfraquecido e desmoralizado, Pata é, de algum modo, o derradeiro discípulo.

Embora não se deva buscar a posteridade de Courbet em sua escola de paisagistas do Jura, incentivada por Pata, mas em Paris, ao lado daqueles que logo serão chamados de impressionistas.

Pode surpreender que nenhum deles tivesse ido à Suíça para homenagear aquele que consideravam seu verdadeiro iniciador. Contudo, malgrado o sucesso que progressivamente se afirma, a maioria permanecia paupérrima, e uma viagem poderia exorbitar seus recursos.

Quando a primeira exposição dos impressionistas foi inaugurada, em 15 de abril de 1874, Courbet, em seu exílio, não parece ter sido informado daquilo que, em Paris, estendia e ampliava sua obra.

Certamente, os exilados da Comuna que convivem com ele, assim como os pintores paisagistas regionais que o cercam, prestaram pouca atenção a essa exposição cuja importância histórica só será reconhecida posteriormente.

De todo modo, Courbet, vencido, exilado, doente, interessa-se menos pelo que se passa em Paris do que pelas pequenas cerimônias aldeãs para as quais é convidado: coral de Vevey, premiação nas escolas, desfiles com echarpes e estandartes nas festas das sociedades de ginástica.

Quando morre Corot, em 22 de fevereiro de 1875, aos 79 anos, imensa multidão acorre a seu funeral. Na Suíça, Courbet, com apenas 56 anos de idade, alcooliza-se cada vez mais. A cerveja, tendo-lhe sido proibida pelos médicos, é substituída pelo conhaque e, depois, pelo absinto.

Embora obeso, ele sempre caminha firmemente. Em direção a Genebra ou no cantão de Friburgo. Parte sem bagagem, com muda de camisa apenas, abandonando nos hotéis o que comprou.

De Paris só chegam más notícias. Seu ateliê da rua Hautefeuille foi lacrado. Seu marchand, Durand-Ruel, que lhe deve 33 mil francos, nada lhe pode pagar, já que todos os seus bens estão sujeitos ao confisco. O governo até se opõe à sucessão de sua mãe e de suas irmãs.

Courbet não vende mais nada em seu país, e na Suíça os compradores escasseiam.

GUSTAVE COURBET

Em dezembro, Jules Simon, tendo formado novo governo, reaviva a esperança, que dura pouco. Courbet escreve a seu pai:

"Quando se está na desgraça, ninguém mais ousa lhe dar atenção. Todos que eu conheço da França, todos os meus amigos, ninguém mais se mexe, cada um treme como vara verde. Todos mendigam da república. Meu amigo Jules Simon, presidente dos ministros, é o que fará menos por mim."

De Paris, o defensor público lhe aconselha aceitar a proposta do governo de pagar os 323 mil francos a que foi condenado em anuidades de 10 mil francos. Courbet, apavorado, recusa primeiro e, depois, cansado, aceita.

Como tinha então 58 anos, ele devia, segundo esse processo ubuesco, depositar para o Estado 10 mil francos por ano, durante 32 anos, ou até os 90 anos de idade.

Em junho de 1877, é solicitado a Durand-Ruel entregar ao Estado o retrato de Proudhon. Os confiscos se multiplicam. O quadro *Moças da aldeia*, outrora comprado por Morny, liberado do sequestro de bens, é vendido pelos herdeiros aos Estados Unidos. Em 26 de novembro, quadros, móveis e objetos de arte, tomados do ateliê parisiense de Courbet, são liquidados no hotel Drouot por quantias irrisórias.

A extensão das águas do lago o faz relembrar sua paixão pelo mar, os belos dias na orla mediterrânea, quando seu primeiro grande colecionador, Alfred Bruyas, que comprara dele *As banhistas*, o convidara a Montpellier. Courbet "imortalizara" esse encontro pintando seu surpreendente e megalomaníaco *Bom-dia, senhor Courbet*.

As águas lhe recordam também, certamente, Honfleur, seu velho amigo Charles Baudelaire e um jovem pintor de 18 anos chamado Claude Monet, seu mais talentoso discípulo.

Contudo, por ora, ele foi multado por ter se banhado nu no lago. Decididamente, ele nunca se livrará das autoridades.

Os excessos alcoólicos deterioram de forma contínua sua saúde. Convidado a Genebra pela associação cantonal de tiro, que se lembra de seus espetaculares quadros de veados, cervos, raposas, Courbet bate contra a porta do hotel, ferindo a cabeça e o joelho.

Sua hidropisia cresce fenomenalmente. A cintura alcança 145 centímetros.

A obesidade de Courbet é tamanha que, não conseguindo passar pela porta — estreita demais para ele — do compartimento de viajantes do trem para La Chaux-de-Fonds para se tratar com banhos de vapor, deve se contentar com vagão de carga com as portas abertas.

Aliviado por punções, instala-se em um cômodo de sua casa, onde, de sua cama de ferro, ele vê o lago.

Em dezembro, escreve a seu fiel crítico de arte Castagnary:

"Pergunto-me o que deveria fazer para pagar a reconstrução da Coluna. Durante todo o ano não consegui vender quadros, e, além disso, há cinco meses uma doença gravíssima me impede de trabalhar."

GUSTAVE COURBET

Contempla uma cesta de frutas que amigos lhe enviaram, presente tão precioso em pleno inverno, sem ousar tocá-las.

Várias mocinhas e sua mãe o visitam, e ele lamenta não poder pintá-las. Procurando em suas paredes um quadro que lhes pudesse oferecer e nada encontrando, Courbet muda de ideia e distribui as frutas às moças.

Em 24 de dezembro, é diagnosticada cirrose hepática. Enquanto o paciente agoniza, o médico propõe moldar o rosto de Courbet. Seu velho pai, vindo de Ornans, opõe-se: "Bobagem, há retratos suficientes em casa."

Todos os proscritos da Comuna na Suíça comparecem ao funeral.

Em um último desafio ao Estado que o perseguia, Courbet morre em 31 de dezembro de 1877, na véspera do primeiro depósito prescrito para a reconstrução da coluna Vendôme.

Os pagamentos, portanto, jamais serão efetuados.

Alphonse de Lamartine
(1790-1869)

Em 30 de dezembro de 1848, Victor Hugo está na casa de Lamartine:

"Fala-se da eleição do presidente. O senhor Lamartine, pálido, curvo desde fevereiro; dez anos envelhecido em dez meses, calmo, sorridente e triste. Encarava com seriedade sua derrota. 'Nada tenho a dizer, o sufrágio universal me repudiou. Não aceito nem recuso o julgamento. Aguardo.'

"Sempre o mesmo: nobre, tranquilo, generoso, totalmente dedicado ao país, levando seu patriotismo ao devotamento, e o devotamento à abnegação."

Alphonse de Lamartine caiu de seu pedestal. A glória quase o pusera na presidência da Segunda República. Mas o que ia fazer o poeta de *O lago* nesse caos?

Durante as barricadas, cavalgando seu jumento negro de testa branca, sua popularidade era tamanha que lhe permitira, sem revoltar a população, recusar a bandeira vermelha, impondo as três cores da Revolução e do Império.

ELES SE ACREDITAVAM ILUSTRES E IMORTAIS...

O povo o escolhera para representá-lo na cúpula do Estado, mas os políticos, prontamente, como era de esperar, passaram-no para trás.

No ápice de sua glória, Lamartine até confessou a Victor Hugo:

"Ah, meu amigo, como esse poder revolucionário é duro de carregar!"

O poder supostamente revolucionário preferiu o general Cavaignac a Lamartine: os deputados o obrigam a se demitir e dão plenos poderes ao militar. Como as revoluções são parecidas!

Lamartine não percebe já ter caído. Acusa Cavaignac de ter deixado estender-se e organizar-se a insurreição de junho para esmagar mais facilmente a revolta popular. Exato. A burguesia aclama Cavaignac, que a livrou de possível revolução.

Cavaignac candidata-se à Presidência da República contra Lamartine. É verdade que existe um terceiro postulante, o príncipe Bonaparte, mas nem Lamartine nem Cavaignac o levam a sério.

Resultado improvável: 5 milhões de votos para o príncipe, 1,5 milhão para Cavaignac e pouco menos de 18 mil para o poeta.[1]

---

[1] Resultados completos das eleições de 1848 para a presidência da Segunda República francesa: Luís Napoleão Bonaparte (bonapartismo), 5.434.226 votos (74,33%); Cavaignac (republicanismo moderado), 1.448.107 (19,81%); Ledru-Rollin (republicanismo democrata-socialista),

Não foi uma derrota. Foi uma bofetada. Como a imensa popularidade de Lamartine pôde murchar tão rapidamente?

A derrota política de Lamartine é tão inesperada, tão considerável que ele fica arrasado.

Honoré de Balzac, estupefato pela metamorfose do poeta, escreve:

"Que destruição do ponto de vista físico. Esse homem de 56 anos aparenta pelo menos 80. Está destruído, acabado [...]. Ele está consumido pela ambição e devorado por seus malogrados empreendimentos."

Como uma eleição por sufrágio universal pudera repudiar quem, ainda ontem, era tão popular?

No entanto, como sabe Balzac, a ambição consome, e os empreendimentos malogrados devoram.

Lamartine diz ainda a Hugo:

"Teria aceitado do presidente da República um ministério qualquer, o último, aquele que ninguém teria desejado."

Modéstia, ou falsa modéstia, Victor Hugo não se engana:

"Falando assim, ele ouvia do fundo de sua consciência uma voz lhe dizendo: 'Quanto menor o ministério, maior você seria.'"

370.119 (5,06%); Raspail (republicanismo socialista), 36.920 (0,51%); Lamartine (republicanismo liberal), 17.210 (0,23%); Changarnier (monarquismo), 4.790 (0,06%). (N.T.)

ELES SE ACREDITAVAM ILUSTRES E IMORTAIS...

* * *

Retornando ao campo, na Borgonha, Lamartine não deixa de ter sua popularidade reavivada.

Camponeses, operários, guardas nacionais, viticultores correm para saudá-lo. Delegações se sucedem, e ele as acolhe no patamar da escadaria externa de seu castelo. Vereadores, corais, empunhando bandeiras tricolores, voltam a lhe dar a impressão de não ter sido traído.

"Eu trago para vocês uma revolução inocente", proclama.

A Segunda República, logo esmagada por Napoleão III, ofuscará cada vez mais Lamartine.

De 1851 até sua morte, em 1869, durante dezoito anos, ele sofrerá ao mesmo tempo as devastações da velhice e do abandono.

Da pobreza também; logo ele, sempre tão pródigo. Pobreza relativa, já que continua castelão e proprietário rural.

Todavia, é tão mau empresário quanto político. Lamartine compra a prazo a colheita dos viticultores, para revendê-la em seguida, com perdas. Dissipa seus 2 ou 3 milhões de herança, o dote de sua mulher e os 6 milhões de seus direitos autorais e sorteia as terras na loteria.

Sua velhice é um desastre.

Tenta salvar-se pela escrita, mas seu gênio o abandonou.

Publica coletâneas: *Histoire de la Restauration, Histoire de la Turquie, Histoire de la Russie* e seis volumes de *La France parlementaire*.

Estamos bem longe da apaixonada *Histoire des Girondins*!

Editar por subscrição suas obras completas em quarenta volumes não pressupõe terminada sua obra?

"Eu copio o dia todo", diz a senhora Lamartine, "e não consigo copiar tão depressa quanto ele escreve."

É contratado para copista dos originais o mestre-escola de Saint-Point.

Em Paris, o térreo de sua casa, na rua de la Ville-l'Évêque, é transformado em oficina de livraria.

Lamartine imprime e edita a si mesmo, tornando-se tão ativo quanto o saudoso Balzac.

Paga caríssimo páginas de publicidade nos jornais para lançar seus livros.

Lamartine sempre foi jogador. Quando jovem, sua mãe costumava socorrê-lo quando ele se arruinava no jogo.

Ainda estamos bem distantes do autor das *Méditations poétiques* ou de *Jocelyn*. Suas obras terminadas o desacreditam agora.

Ademais, autores mais jovens, mais sintonizados com seus contemporâneos, pouco a pouco lhe retiram leitores.

Em 1857, dois títulos enterram o romantismo: *As flores do mal*, de Baudelaire, e *Madame Bovary*, de Flaubert.

Flaubert, que se dá bem no governo de Badinguet,[2] apoiado pela princesa Mathilde, detesta Lamartine e suas "frases femininas".

Qualifica *Graziella* de "obra medíocre" e graceja sobre o pudor do autor: "Ele a beija ou não?" "Não são seres

---

[2] Apelido satírico de Napoleão III, que usou esse nome falso para fugir para Londres disfarçado de operário. (N.T.)

humanos, são manequins [...]. A verdade precisa de homens mais machos do que o senhor Lamartine."

Talvez Flaubert seja mais macho do que Lamartine, mas jamais foi gratificado com a beleza do jovem poeta, com cabelos cacheados e rosto delicado, assemelhando-se a um anjo.

Ouço Flaubert caçoar: "E o senhor chegou a ver os anjos?"

O velho Lamartine traz seus cabelos brancos para a testa, a fim de disfarçar a calvície. Emagreceu muito, negligencia a aparência. Sua cara afundou.

Calçando tamancos, engonçado em seu casaco de peles húngaro, transformou-se aos poucos em um ancião solitário.

"Meu século sete vezes me abandonou", murmura.

A Émile Ollivier, que o visita, ele exclama: "O senhor quer ver o homem mais infeliz que existe? Olhe-me! O dia é suportável, mas as noites! As noites! Eu teria me matado se não tivesse acreditado em Deus!"

É verdade que Lamartine sempre teve gosto pela queixa e pela lamentação, dividindo esse defeito com a maioria dos poetas românticos. Contudo, quando ele diz: "Eu não vivo, sobrevivo" ou "Envelheço sem posteridade em minha casa vazia", pronuncia uma evidência.

Em sua poltrona, olha seus visitantes e os deixa falar entre si, sem participar das conversas.

"Afinal, eu conquistei o direito de me calar."

* * *

ALPHONSE DE LAMARTINE

Alfred de Vigny, retirado em Charente, em seu castelo de Maine-Giraud, está igualmente na sombra e considera sua vida fracassada. Até sua morte, em 1863, admirará apaixonadamente Lamartine, mas esses dois solitários, esses dois abandonados, estão geograficamente afastados demais um do outro.

Hugo está ainda mais distante, exilado em Guernesey, e o exílio não só não o desacredita como também vivifica seu gênio.

Em 1853, lendo *Les Châtiments*, Lamartine, para quem todo panfleto é insuportável, reage horrorizado: "Seis mil versos de injúrias!"

Certamente, o banimento espetacular de seu velho amigo e sua glória literária são duros de assimilar.

Quando, em 1856, Hugo publica *Les Contemplations*, diante do sucesso desses poemas, Lamartine permanece dolorosamente mudo.

Quando sai *Os miseráveis*, ele publica artigo amargo:

"Esse livro é perigoso... É a paixão pelo impossível... A oposição que existe entre nossas ideias..."

O rejeitado, o vencido de 1848, levanta-se contra o socialismo igualitário.

Magoado, mas ainda compadecendo-se por Lamartine, Hugo replica: "Ensaio mordaz de um cisne."

Victor Hugo será dos raros escritores que não envelhecerá jamais. Nunca cairá em desgraça.

Retornando à França, um ano depois da morte de Lamartine, depois de dezoito anos de exílio, não só ele não foi esquecido, mas se tornará, na Terceira República, um modelo; mais até: um mago. Não apenas sobreviverá

ELES SE ACREDITAVAM ILUSTRES E IMORTAIS...

à sua geração, o que é sempre milagroso, mas será endeusado pela seguinte.

Em 1862, Lamartine só tem mais sete anos de vida. Ou melhor, sobrevida.

Ao contrário de Hugo, ele afunda em uma espécie de niilismo político.

"Quanto à política", diz ele, "não estou nem ligando, e assim mais ou menos se sente o país."

Como ficou distante o líder republicano de 1848!

A amargura e a angústia financeira demoliram ao mesmo tempo o poeta e o político.

"Há rumores", diz, "de que não tenho capital para terminar este ano minhas obras completas, às quais faltam 60 mil francos. Busco por todo lado recursos; em vão. Até agora, todos os meus credores e todos os meus inimigos vieram se encontrar sobre minhas ruínas. Gostaria de ter salvado Saint-Point para minha mulher, mas o Crédit Foncier recusa."

O castelo de Saint-Point, que seus visitantes se admiram ao encontrá-lo tão dessemelhante à sua lenda. Uma pintura amarelada recobre suas pedras.

"As ruínas servem para descrições, e não para habitação", reclama.

Esse velho castelo pertence, ainda assim, a um nobre, arruinado certamente, desacreditado, mas que lhe dá a ilusão de manter sua posição.

Quando uma delegação de mocinhas vem homenagear o autor das já tão distantes *Méditations poétiques*, Lamartine está tão velho, tão decrépito, que não quer recebê-las.

Seus empregados lhe impõem essa tarefa ingrata. Apressadamente, fazem-no vestir suas mais bonitas roupas e o apertam em seu colete.

Descendo a escadaria interna para se dirigir ao topo da escadaria frontal, onde coroas de flores o esperam, ele percebe, na sala de jantar, no meio da mesa, grande prato de creme de chocolate.

O ancião se precipita para essa guloseima e, em sua pressa, suja a gravata, o colete e a casaca.

Considerando que o poeta não está mais apresentável, os empregados dispensam as mocinhas, avisando-as que a cerimônia está cancelada.

Knut Hamsun
(1859-1952)

Dia 7 de maio de 1945, Marie, a mulher de Knut Hamsun, grita-lhe no ouvido (ele está surdíssimo):

— Hitler está morto.

Como Hamsun parece não compreender, ela berra:

— A Alemanha capitulou.

Hamsun, impassível, diz apenas:

— Escreverei seu necrológio.

— Você certamente será o único — refuta Marie.

Hamsun envia seu elogio fúnebre ao jornal de Oslo, para o qual colabora regularmente:

"Ele era um guerreiro para a humanidade, um profeta do Evangelho e da justiça para todas as nações."

Para um escritor tão ilustre, Prêmio Nobel em 1920, autor de umas quarenta obras admiradas por autores tão diferentes — Thomas Mann, André Gide, Gorki, Wells e Henry Miller —, escrever tais asneiras é uma aberração.

Hamsun, desde que as tropas alemãs invadem a Noruega, exorta seus compatriotas a não se oporem à ocupação do país.

ELES SE ACREDITAVAM ILUSTRES E IMORTAIS...

Para ele, o inimigo é a Inglaterra.

"É preciso colocar a Inglaterra de joelhos", profere.

Sua anglofobia é delirante.

Convicto de que os ingleses e os americanos são responsáveis pela internacionalização dessa modernidade que ele execra, declara:

"Um dia a Alemanha castigará a Inglaterra com a morte. É uma necessidade natural."

E ainda:

"A Alemanha está e permanece mais próxima de meu coração germânico."

Afinal, a Noruega, insiste, é um ramo nórdico dos germânicos. E crê que o nazismo ressuscitará a velha Noruega dos Vikings.

A obra tão singular de Knut Hamsun se explica ao mesmo tempo por seu autodidatismo, sua perpétua vagabundagem e pela situação singular de seu país natal, ao qual estará tão ligado, já que a Noruega só recuperou sua independência em 1905. Hamsun tem já 46 anos.

País pouco povoado, de cultura preponderantemente camponesa, Hamsun pertence a esse mundo de agricultores, marinheiros, vagabundos, marginais. Também ele marginal e vagabundo na juventude, sua obra celebra a errância, a fuga, os delírios do indivíduo. Quanto mais envelhece, mais defende os valores tradicionais e os esplendores da natureza.

"Não existe", diz ele, "esplendor comparável ao murmúrio da floresta."

Misógino, do mesmo modo que Strindberg e Ibsen, daí, certamente, sua vida tempestuosa com Marie, 25 anos mais nova, com quem conflita com frequência.

Bem antes do nazismo, foi a Alemanha que assegurou seu sucesso internacional. Thomas Mann, Stefan Zweig, Robert Musil admiravam Hamsun.

Em 1933, Hamsun estava septuagenário. O nazismo, que se opõe violentamente ao mundo anglo-saxão que ele detesta, parece-lhe a realização de seus sonhos passadistas.

Seu encontro com Hitler, em junho de 1943, deveria tê-lo desenganado. Quando Hamsun ataca Terboven, governador alemão da Noruega, quando denuncia as detenções e torturas dos noruegueses que se "extraviaram" em uma Resistência que ele deplora, Hitler se irrita com esse patriotismo norueguês, que julga burro, de Hamsun, em um momento em que o Terceiro Reich empreendeu a reunificação de todos os povos germânicos.

Ademais, curiosamente, irrita Hitler o fato de o germanófilo Hamsun não falar alemão, exprimindo-se em inglês, língua do país detestado.

A entrevista, inicialmente calorosa, torna-se lacônica.

Apesar das aparências, Hamsun jamais será, propriamente, "colaboracionista".

Se encontra Quisling, o chefe do governo norueguês neonazista [*sic*], mesmo tendo contato com o *gauleiter* Terboven, é essencialmente para pedir clemência ou perdão aos resistentes noruegueses aprisionados, torturados, sujeitos à pena de morte.

ELES SE ACREDITAVAM ILUSTRES E IMORTAIS...

Durante a ocupação da Noruega, os pedidos de perdão afluem para Hamsun, que multiplica suas intervenções junto aos nazistas.

Retornando a soberania norueguesa, a justiça, mais clemente do que a da maioria dos países da Europa ocidental, não sabe o que fazer de Hamsun. Quisling foi fuzilado, e Terboven se matou. Limitam-se em prender Marie, profundamente colaboracionista. Condenada a três anos de prisão, ela os passa tricotando meias.

Enquanto isso, Knut Hamsun reivindica em vão um julgamento para ele.

Embaraçado com essa glória nacional, tão malconduzida, finalmente decidem interná-lo em uma casa de repouso. Afinal, não se trata de ancião de 86 anos, desligado do mundo por sua extrema surdez?

Ainda assim ele se obstina em viver e até em escrever.

Não seria um doente mental? Isso explicaria sua incompreensível atitude durante a guerra? Colocam-no então em uma clínica psiquiátrica, na qual os interrogatórios aberrantes do professor Langfeldt fazem pensar que a loucura era antes atributo do médico do que de seu célebre paciente.

Quando lhe mostram filme sobre os campos de concentração nazistas e o horror da Shoah, Hamsun fica estupefato. Ele ignorava isso. Jamais soube de nada. Vivia em seu mundo fabuloso e antiquado, isolado em sua celebridade.

Hamsun teima em exigir um processo, que, finalmente, lhe concedem, a contragosto, em 1948.

Ele reivindica suas opiniões e atos.

"O que fiz não foi bem-compreendido", diz. "Ninguém me dizia que eu escrevia mal. Perdi e devo assumir isso. Nunca acreditei ser um traidor."

Hamsun não sofrerá o destino lamentável que os Estados Unidos reservarão a Ezra Pound. De fato, ele é liberado logo, embora com multa pesada: 325 mil coroas.

Afora a ruína, seu castigo será sua interminável velhice, assombrada pela senilidade. Ele viverá, efetivamente, e com péssima saúde, até 1952, morrendo aos 93 anos.

Piotr Kropotkin
(1842-1921)

Em 1917, quando na Rússia desmorona um poder tzarista aparentemente inabalável, Piotr Kropotkin vive na Inglaterra há trinta anos. Sua saúde é ruim. Foi duas vezes operado, só circula em cadeira de rodas e seus pulmões, em mau estado, fazem temer pneumonia.

Mesmo assim, o velho não hesita. Toda a sua vida ele esperou esta notícia maravilhosa: o povo russo se levantou contra seus opressores. A revolução mundial estoura em seu próprio país, de onde fora banido havia quarenta anos.

Acompanhado por sua mulher, embarca anonimamente para a Finlândia. Está com 75 anos de idade, e Sofia com 60. Partem praticamente sem bagagens, sem recursos. Querem estar onde uma nova história dos homens começa.

Essa nova história, esses novos tempos, ele preparou, afinal, durante toda a sua vida. Bakunin está morto desde 1876, Karl Marx há mais de trinta anos. A influência de Kropotkin é considerável em toda a Europa e nos Estados Unidos. Ele não duvida (como poderia?) que essa revolução em andamento, na Rússia, aplicará sua teoria do perecimento do Estado.

ELES SE ACREDITAVAM ILUSTRES E IMORTAIS...

A acolhida que recebe na Noruega e na Suécia por manifestações operárias, os 60 mil que o esperam em Petrogrado cantando *A Marselhesa*, e até Kerenski, chefe do governo provisório, que lhe oferece entrar em seu ministério, tudo lhe confirma que a Rússia revolucionária o espera.

Kropotkin recusa o posto ministerial, mas (ninguém é perfeito) aceita pensão de 10 mil rublos e alojamento no Palácio de Inverno.

Em realidade, Kropotkin não percebe que os que o acolhem mais calorosamente são homens do passado. Kerenski não passa de um político em condicional; e o príncipe Lvov, que ele gosta de encontrar, só foi aceito pelos revolucionários para realizar a transição da época tzarista para a desses homens novos que são Lênin, Trótski, Stálin.

Os últimos não perdoam Kropotkin por sua aprovação à guerra mundial contra a Alemanha. Kropotkin não sabe que os soldados russos não querem mais combater, que desertam em massa.

O acolhimento que lhe fazem é enganoso. Quando escreve: "O verdadeiro partido anarquista, no verdadeiro sentido da palavra, está se formando definitivamente na Rússia", não percebe que os anarquistas russos só aceitam seu chauvinismo em respeito à sua obra e à sua idade avançada. Não percebe que os anarquistas russos, que participaram com tanto entusiasmo dos combates contra as forças tzaristas, já declinam. São os socialistas revolucionários, os mencheviques e os bolcheviques que assaltam o poder. Esse poder que ele sempre acreditou não dever se conquistar, mas destruir.

Aqueles que estão conquistando o poder veem a chegada de Kropotkin de forma incômoda. Lênin fala do "lamentável destino do burguês Kropotkin". Trótski o trata de senil; Stálin, de "velho louco".

Em julho, os bolcheviques tentam se apossar do governo. O príncipe Lvov visita Kropotkin no Palácio de Inverno onde o velho anarquista ainda não se conscientiza da situação anômala. O povo o ignora, ao passo que esse aristocrata o admira. Afinal, ele se compraz em conversar com esse homem do passado.

— Nicolau não quis compreender e arruinou o país — diz o príncipe Lvov. — Nosso tempo acabou.

— Claro que não, caro amigo, os tempos novos começam.

— Tempos novos que não serão nem para mim nem para o senhor. Antes que seja tarde, parto para o sul. Acompanhe-me.

— Como poderia empreender viagem tão longa com a saúde arrasada que o senhor vê?

— O senhor crê que eles o amam, Piotr, mas se engana. Eles o detestam tanto quanto a mim. Matarão o tzar e em seguida massacrarão o senhor e seus discípulos libertários. Têm pavor da liberdade, não compreende? O senhor é para eles um refém que eles suportarão enquanto seus discípulos não os incomodarem demais.

— Então o senhor está mesmo partindo?

— Não parto, fujo. Kerenski não se sustentará. Deverá ceder-lhes o lugar. Ele também fugirá, o senhor verá. Abandonar o senhor aqui com eles me entristece profundamente.

Comovido, Kropotkin abraça o príncipe Lvov, que chora.

— O futuro não é nem para os meus nem para os seus — diz Lvov.

A partida precipitada do príncipe desconcerta Kropotkin. Ele não compreende por que os soldados russos recusam combater os alemães. Os desertores afluem nas ruas da capital. O curso dessa revolução o desconcerta. Kropotkin suspeita (e não é o único) que os bolcheviques foram comprados pelos alemães. Sofre pela indiferença a seu respeito da parte do operariado, que ignora sua obra.

Em abril de 1918, a repressão bolchevique contra os anarquistas começa. Os periódicos libertários são suprimidos, seus redatores presos. Kropotkin está estupefato.

Fraco, caminha penosamente. A fome que ameaça a Rússia o apavora. Aos líderes anarquistas Voline e Maxímov, que o visitam, ele diz:

— O futuro é negro...

O poder crescente de Lênin o aterra.

"Lênin", diz a seus visitantes, "não pode ser comparado a nenhuma outra figura revolucionária da história. Os revolucionários tinham ideais. Lênin não tem nenhum. É um louco... Está pronto a trair a Rússia para fazer uma experiência."

Todavia, malgrado suas violentas críticas, Kropotkin não se preocupa com a Tcheka.

Em junho de 1918, refugia-se na aldeia de Dimitrov, antiga estação climática da época dos tzares, a 60 quilômetros de Moscou.

Lá ele dispõe de moradia excepcional na penúria de alojamentos e de alimentos que atinge a Rússia. Essa antiga mansão de verão do conde Olsoufev tem seis cômodos, um grande jardim, e o casal Kropotkin recebe a ração especial dos intelectuais. Ademais, eles desfrutavam de uma vaca e de um galinheiro.

Contudo, o frio é tão intenso, e a calefação tão aleatória que Kropotkin e sua mulher compartilham um cômodo, no qual o velho revolucionário russo relaxa tocando piano.

Como repudia o boicote das nações ocidentais e sua intenção de intervenção militar, uma reviravolta se dá entre os bolcheviques. Lênin o convida a Moscou, onde Kropotkin o exorta a multiplicar as cooperativas e os sovietes populares.

Isso vai ao encontro das teorias bolcheviques, mas Lênin apenas finge aprovar essas teorias, que ele considera absolutamente caducas.

Em 1920, numerosas visitas de viajantes estrangeiros dão a Kropotkin a ilusão de que sua filosofia continua viva.

O líder anarquista espanhol Ange Pestana, que, em Moscou, opôs-se violentamente a Trótski, leva-lhe manteiga, açúcar, pão branco. A fome, na Rússia, tornou-se extrema.

ELES SE ACREDITAVAM ILUSTRES E IMORTAIS...

Kropotkin não lhe esconde sua profunda decepção:

— Os comunistas, com seus métodos, em vez de levar o povo ao comunismo, acabarão fazendo-o detestar até esse nome.

Duas vezes, no outono, visita Lênin, em Moscou, que o recebe cordial e respeitosamente.

Pede-lhe, novamente, não se opor às cooperativas e, sobretudo, abandonar as monstruosas tomadas de reféns:

— Como pode o senhor, Vladimir Ilitch, que se gaba de ser o apóstolo de verdades novas e o criador de um Estado novo, assentir no emprego de atos tão repugnantes, métodos tão inaceitáveis... Que destino está reservado ao comunismo se um de seus importantes defensores espezinha assim os sentimentos mais honestos?

Em novembro, escreve: *Que fazer?* Sua desilusão é completa. Kropotkin se vê traído. Lênin é um impostor.

"Atualmente", escreve, "a revolução russa vive fase em que comete atrocidades, arruína o país, em sua demência aniquila vidas preciosas... E, enquanto tal força não se desgastar por si, como acabará fazendo, nós nada poderemos fazer."

Em janeiro de 1921, uma pneumonia derruba o velho líder.

Lênin envia por trem especial cinco célebres médicos de Moscou.

Kropotkin já está consumido, desesperado, nas últimas. Morre em 8 de fevereiro de 1921.

O governo bolchevique decide organizar homenagens póstumas nacionais. A viúva e a filha de Kropotkin rejeitam a encenação.

Mesmo assim, constitui-se trem especial para levar o corpo para Moscou. É exposto no Palácio do Trabalho, que antes era o da Nobreza, na Sala das Colunas, onde, outrora, vestido de principezinho persa, Kropotkin fora apresentado a Nicolau I.

O comitê dos funerais telegrafa a Lênin, solicitando que os anarquistas presos possam assistir ao funeral.

Resposta: não há anarquistas detidos.

Ante tão enorme mentira, a filha de Kropotkin telefona a Kamenev: "Se os prisioneiros anarquistas não forem libertados por um único dia, as coroas bolcheviques serão retiradas do caixão."

Fingiu-se encontrar apenas sete anarquistas em Boutirki, que só foram soltos para a cerimônia com a promessa de voltarem à prisão de noite.

Cem mil seguiram o cortejo fúnebre, pontilhado de bandeiras negras, até o cemitério de Novo Devichi.

Passando diante da prisão, atrás das grades os prisioneiros estendiam as mãos para saudar o último filósofo e suas bandeiras.

Com as exéquias de Kropotkin, a história da anarquia na Rússia conhecia seu patético fim.

Ezra Pound
(1885-1972)

Maio de 1945, em Pisa.

No pátio da prisão dos condenados à morte do Exército americano, um cárcere de ferro encerra um homem encolhido.

Ninguém está autorizado a se aproximar e ninguém lhe deve falar.

O sol de verão está abrasador. Como uma autoestrada militar passa por perto, o prisioneiro é incessantemente exposto ao barulho e à poeira.

Durante toda a noite, refletores iluminam a jaula, ofuscando o desconhecido, que tenta dormir no chão de cimento, embrulhado em trapos.

Obteve o favor de conservar um único livrinho, um texto de Confúcio, em chinês, que se esforça em traduzir, tremendo.

Ninguém conhece esse condenado à forca. Ignoram tratar-se de poeta, mas quem teria se importado com um poeta nesses anos atrozes dos últimos combates da Segunda Guerra Mundial?

ELES SE ACREDITAVAM ILUSTRES E IMORTAIS...

Era, todavia, uma das glórias literárias mais evidentes desses Estados Unidos que o tratavam ao modo de cão feroz. Durante mais de cinquenta anos, ele se dedicara à escrita de seus *Cantos*. Era amigo de Eliot, Joyce, Hemingway.

A Itália tornara-se sua segunda pátria, se não a primeira.

Desde 1908, em sua primeira juventude, estava de tal modo integrado à civilização veneziana que projetava se tornar gondoleiro.

Um dos primeiros a se apaixonar por Dante, organizava concertos em que se podia ouvir Vivaldi, então praticamente esquecido.

A partir de 1924, estabelecera-se em Rapallo.

Essa paixão pela Itália se tornaria sua tragédia.

Cometeu o erro grotesco, para um intelectual geralmente tão lúcido, de confundir a Itália com Mussolini.

Hemingway o alerta contra o que chama de "o grande blefe". Pound não liga. Chama Mussolini de "The Boss", e é recebido pelo Duce em 30 de janeiro de 1933.

Desde 1936, fala na Rádio Roma e aprova a invasão italiana na Etiópia.

A guerra mundial não muda sua opinião. Pelo contrário: de 1940 a 1944, publica panfletos pela glória da Itália e da Alemanha.

"É bastante simples", declara, "quero uma civilização nova."

Não vê que o fascismo e o nazismo são caricatura trágica de toda civilização.

Para a América, ele é evidentemente um traidor.

Em 3 de maio de 1945, depois da fuga e execução de Mussolini, resistentes vêm prendê-lo, sendo transferido para o centro disciplinar de Pisa, onde estão os criminosos e desertores americanos.

Durante três semanas, permanece trancado em sua jaula de ferro.

No dia 18 de novembro de 1945, por pressão da *intelligentsia* americana, é transferido para os Estados Unidos.

Esse homem, cuja beleza e inteligência foram celebradas, não passa de ser miserável, precocemente envelhecido, descarnado, alucinado.

Seus amigos ilustres alegam loucura, evitando-lhe a pena de morte.

Ao juiz que lhe pergunta seu nome, responde: "Eu não sou ninguém."

O processo por traição é adiado, e Pound é transferido para um hospital psiquiátrico em Washington.

Todos os seus velhos amigos se esforçam por justificar a atitude indefensável de Pound, durante a Segunda Guerra Mundial, pela alienação mental.

Eliot o visita, e Hemingway, embora desaprove a colaboração fascista de Pound, assiste-o em seu processo.

O juiz pergunta seu nome e profissão, e Hemingway protesta:

— O senhor pode ir para o diabo com seus ardis! Sou Ernest Hemingway, e Ezra Pound é meu amigo. Ponto.

O presidente:

— Senhor Hemingway, sinto, mas...

ELES SE ACREDITAVAM ILUSTRES E IMORTAIS...

— Não me interrompa! Não estou nem ligando para o que o senhor sente. Quanto a mim, sinto pela maneira como tratam aqui Ezra Pound. Digo-o francamente: quero tirá-lo dessa e lhe contarei duas ou três coisas sobre ele.

"Ele só dedicava à própria atividade poética um quinto de seu tempo... O restante ele usava para melhorar o futuro material de seus amigos e as condições do trabalho artístico deles. Ele os defendia quando atacados. Colocava-os nos jornais, arranjava-lhes apresentações. Emprestava-lhes dinheiro, vendia os quadros deles, organizava concertos, convencia os editores a aceitar os livros deles... Ficava com eles a noite toda quando acreditavam agonizar. Adiantava-lhes as despesas hospitalares e os dissuadia do suicídio.

"Eis o sujeito extraordinário que ele era! Uma espécie de santo irascível. Mas muitos santos devem tê-lo sido.

"Louco? E daí? Claro que é louco... Ao menos desde 1933..."[3]

Desde 1933... Hamsun também enlouquecera em 1933, e Louis-Ferdinand Céline um pouco depois, em 1937. A mesma curiosa e diabólica loucura...

Libertado em 7 de maio de 1958, após treze anos de internação psiquiátrica, retorna à sua cara Itália.

Ao desembarcar em Nápoles, declara:

— A América toda é um asilo de alienados.

O que ele pontua com a saudação fascista.

---

[3] Autos do processo reunidos por Fritz J. Raddatz e publicados no nº 5 da revista *Lettre Internationale*.

EZRA POUND

* * *

Logo todos os seus amigos morrem. Joyce já não era mais deste mundo. Em seguida, Hemingway e Eliot.

Pound não fala mais. Quando lhe perguntam por que escolheu o silêncio, responde:

— Foi o silêncio que me escolheu.

Continua muito alto, ereto, extremamente magro, belo apesar de tudo, com sua cabeleira e barba brancas.

Em 1963, diz:

— Estrago tudo o que toco. Sempre me enganei [...]. Toda a minha vida acreditei saber algo. Depois veio um dia estranho e percebi que não sabia nada. E as palavras se esvaziaram de sentido.

Leem para ele a peça de Samuel Beckett *Fin de partie*, e, quando é evocado o personagem na lata de lixo, exclama:

— Sou eu.

Diz viver no inferno.

— Errei — confessa. — Estava 90% errado. Perdi a cabeça na tempestade.

O Paraíso, eis por que tentei escrever
Não se mexam.
Deixem falar o vento
O paraíso está lá.
Que os deuses perdoem o que fiz.
Que os que amo tentem me perdoar o que fiz.

E acrescenta:

— É difícil escrever um paraíso quando tudo parece levá-los a escrever um apocalipse. É evidentemente muito mais fácil povoar um inferno do que um purgatório.

Seu orgulho — incomensurável — lhe permitirá manter-se muito digno na maior desgraça. Homem da desmedida, constata:

— A perda da medida é sempre um infortúnio.

Morre em Veneza, em 1º de novembro de 1972.

Após murmurar:

— Cheguei ao fim do meu *pensum*.

Os beneditinos de San Giorgio procederam à inumação na ilha dos mortos de San Michele, ao largo dessa Veneza que Pound tanto amara.

Georges Clemenceau
(1841-1929)

Em 11 de novembro de 1918, a então chamada "Grande Guerra" termina. No dia seguinte, por 427 votos contra 1, o Senado decreta: "Clemenceau e Foch mereceram sua pátria." No embalo, ambos são eleitos para a Academia francesa.

A glória de Georges Clemenceau é imensa. É o político mais popular. Afinal, ele ilustrou o governo, o Estado, vestindo o capote dos soldados, visitando-os nas trincheiras!

O velho radical, há tanto tempo considerado temível debatedor na Câmara dos Deputados, subprefeito da circunscrição de Montmartre no fim de outra guerra, a de 1870, é por si uma lenda.

Sim, "Foch, Joffre e Clemenceau", como são cantados, mereceram sua pátria. Clemenceau, único civil elevado à glória militar.

Teria subido demais? Em todo caso, sua glória contradiz isso. Começando pelo presidente da República, Raymond Poincaré, que Clemenceau exaspera. Poincaré teve de suportá-lo durante a guerra. Agora é demais. A acrimônia entre ambos cresce. Poincaré o descreve: "Leviano, violento,

vaidoso, briguento [...], surdo física e intelectualmente...
É o louco que o país endeusa."

Sim, esse louco que, na condição de ministro da Guerra, conduziu o país à vitória agora gera má vontade. Magoou tantos deputados na Câmara com suas palavras violentas, ridicularizou-os tanto pelas diatribes certeiras, que os políticos acham que ele está há tempo demais no poder.

Durante toda a guerra, Clemenceau esteve inatacável. Agora que Poincaré julga seu ministro autônomo demais, Aristide Briand, que dominará a diplomacia francesa de 1925 a 1932, conduz a ofensiva.

Até mesmo Foch, aquele que Clemenceau, que sempre desconfiou do Exército afirmando que o poder militar devia ser subordinado ao poder civil, aquele que chamava de "meu bom Foch", queria que Clemenceau abandonasse o Ministério da Guerra.

Terminando Poincaré seu mandato, a ideia de propor a Clemenceau a Presidência da República se impõe.

Clemenceau inicialmente se recusa a postular a candidatura, mas depois, parecendo tão natural essa perspectiva, deixa-se convencer.

Tão logo, Briand faz campanha contra. A esquerda não perdoa o fura-greves, e a direita lembra seu anticlericalismo.

Questionado sobre a eventual retomada das relações com o Vaticano, reage: "Sendo eu o presidente, a República permanecerá laica."

Clemenceau é um ancião, sussurram. Se ele morrer no cargo, podem-se imaginar obséquias não religiosas para um presidente da República?

Em Versalhes, Deschanel é eleito por 734 votos contra 56 de Clemenceau.

É um tapa solene no "Pai da Vitória".

Deschanel, de volta a Versalhes, considera inteligente visitar o vencido. Clemenceau ordena ao mordomo:

— Diga que não estou.

Em 18 de janeiro de 1920, entrega a Poincaré a demissão de seu governo. Depois, volta à Vendeia natal, onde é recebido pela população com entusiasmo, insuficiente para curar a ferida pela rejeição dos parlamentares.

Aos que creem lisonjeá-lo ressaltando o afeto dos vendeanos, responde:

— Que entusiasmo! Que multidão! Mas seria diferente se me enforcassem!

Clemenceau procura na Vendeia um local para sua aposentadoria. Uma cabana de frente para o mar, em Saint-Vincent-sur-Jard, chama sua atenção: Bélesbat.

Não é rico o suficiente para comprá-la. O proprietário, em homenagem ao "Pai da Vitória", resolve oferecê-la. Ele recusa, exigindo pagar aluguel.

Do mesmo modo, quando André Citroën lhe oferece um carrinho, ele só aceita depositando 10 mil francos para os operários da fábrica.

Sua casinha está situada no alto de uma falésia arenosa. Lá, a solidão é total.

ELES SE ACREDITAVAM ILUSTRES E IMORTAIS...

— Há três dias, apossei-me de *meu céu*, de *meu mar* e de *minha areia*... Vivo envolto em camarões, lagostas, sem falar de uma espantosa carpa japonesa.

Expulso da vida política, Clemenceau se compraz em seu exílio.

A René Benjamin, que o visita, admirando-se de seu isolamento, ele replica:

— Estou livre.

— Não — retruca Benjamin —, o senhor pertence a seus contemporâneos.

— Senhor, meus contemporâneos não me importam.

— Senhor presidente, eles se importam com o senhor!

— Então, senhor, não estou nem ligando que eles se importem.

Veste roupa clara, cravo na lapela à maneira dos participantes da Comuna de Paris. Calçados brancos, luvas cinza, segurando forte bengala recurvada no punho, seu famoso boné de polícia, azul-acinzentado, afundado até as sobrancelhas, tem belo aspecto.

Depois de 1922, só viaja entre seu apartamento parisiense da rua Franklin e Bélesbat.

Caminha na orla, compra no mercado, cultiva seu jardim, onde gosta das rosas e dos gladíolos.

Recusando-se a escrever suas memórias e temendo o supérfluo mnemônico, queima vários arquivos.

A remoção da Renânia, no verão de 1929, o espetáculo da queda da França perante a Alemanha, que entra na Sociedade das Nações, tudo isso aprofunda seu retiro.

Os ataques póstumos de Foch no livro de Raymond Recouly — *Le Mémorial de Foch* — o indignam. Ele, que sempre apoiara Foch, levando-o, até, à função de generalíssimo dos exércitos aliados.

Nesse desastre, o milagre de um último amor.

Uma intelectual dos Vosges, editora de uma coleção de obras históricas, solicita-lhe algumas páginas sobre a guerra. Clemenceau recusa:

— Prometi a mim mesmo nunca falar a respeito.

Uma correspondência começa mesmo assim, e finalmente Marguerite Baldensperger lhe propõe escrever uma biografia de Demóstenes, e ele aceita.

Marguerite visitará Clemenceau em Bélesbat. Frequentemente.

Vendo que está de luto, ele lhe indaga o motivo.

— Minha filha mais velha acaba de morrer. Estou desconsolada.

— Pensarei muito na senhora — diz Clemenceau. — Eu a ajudarei... Ponha sua mão sobre a minha. Pronto, eu a ajudarei a viver, e a senhora me ajudará a morrer... Beijemo-nos.

Doravante, passarão a se encontrar ou a se escrever diariamente. Serão encontradas 668 cartas de Clemenceau a Marguerite.

1919-1929. Dez anos já se passaram. A "Grande Guerra", a vitória, os marechais, as disputas na Câmara, tudo isso se perde nas brumas dos "anos loucos".

ELES SE ACREDITAVAM ILUSTRES E IMORTAIS...

O velhíssimo Clemenceau deixou de ser atual. Morre em sua Vendeia familial, em 24 de novembro de 1929, aos 88 anos.

Fréhel
(1891-1951)

Quem se lembra de ter visto e ouvido Fréhel cantar no filme *Pépé le Moko* "Où est-il mon Moulin d'la place Blanche?" se arrepia.

Essa antiga estrela de *music-hall*, rival de Mistinguett, já aparentava uma velha decadente.

Na época, porém, era o cinema.

Encontramos Fréhel bem mais tarde, que nada mudara desde aquele filme, exceto pelo fato de que agora se tornara, de verdade, indigente beberrona.

Mistinguett, cujas memórias eu há muito ajudei a escrever, permaneceu mítica, como Josephine Baker. Contudo, Fréhel, do mesmo modo que a Moleca [Môme] Piaf, começou a cantar nas ruas, acompanhando um velho cego, durante sua miserável infância; Fréhel, em sua glória, disputava com Mistinguett o amor de Maurice Chevalier. Quem se lembra de que ela foi uma estrela parisiense sob o nome de Petite Pervenche?[4]

---

[4] Pequena Pervinca; flor azul. (N.T.)

Petite Pervenche era então acompanhada pela Bela [Belle] Otero. Prediziam-lhe a carreira de Damia, a cantora realista mais famosa antes de Edith Piaf.

Mas a jovem e bela Fréhel perdeu sua beleza. A notoriedade e a riqueza rapidamente a perderam.

O álcool, a droga, uma longa ausência em virtude da guerra de 1914-1918, tudo isso transformara a tal ponto aquela que passou a ser chamada de Fréhel que o público não a reconhecia.

Não mudara apenas fisicamente: sua voz não era a mesma, tampouco seu repertório.

Cantora realista, habituara-se a cutucar seu público, até mesmo a invectivá-lo:

— Calem suas bocas, eu estou abrindo a minha.

Era encontrada no cinema, mas sempre em papéis menores, geralmente de prostituta decaída.

Pépé le Moko, filme de Duvivier, data de 1937.

Em 1950, durante algum tempo, meu grande companheiro do pós-guerra, Robert Giraud, ressuscitou Fréhel.

Com Robert Giraud, conhecido por Bob, vivêramos, em nossos primeiros anos parisienses, os momentos deslumbrantes da Liberação. Liberação: nunca uma palavra foi tão apropriada. Estávamos liberados da monstruosa ocupação alemã, do medo, da angústia. Mas era mais do que isso. Quem não conheceu aqueles anos ignora o que "liberação" significa.

Ganhávamos o suficiente para pagar miseráveis quartos mobiliados e alguns restos cedidos pelos tripeiros graças aos resultados de nossos artigos em um jornal da Resistência. Que, infelizmente, desapareceu tão rapidamente quanto o espírito da Resistência.

Frequentávamos Robert Doisneau, para quem escrevemos os textos de um de seus primeiros livros de fotos: *Les Parisiens tels qu'ils sont*, publicado por outro amigo daquele tempo: Robert Delpire.

Robert Giraud, enfeitiçado pela vida noturna, pelas putas e pelos botequins populares, desentocou a velha Fréhel.

Atreveu-se a convidá-la para cantar no café de um conhecido, na rua Mouffetard.

Nos fundos desse boteco abominável, Fréhel voltou a ser, por algumas semanas, a estrela que ela fora.

Contudo, uma estrela apagada da constelação Mouffe, estrela, antes de tudo, dos marginais frequentadores desse botequim. Em seguida, a notícia da reaparição desse fantasma se espalhou. Os frequentadores do bairro foram progressivamente expulsos pelo público proveniente das adegas de Saint-Germain-des-Prés.

Estranho *music-hall* que Bob fretou para Fréhel, em que ele ressuscitou o ambiente dos conjuntos da rua de Lappe.

As aglomerações eram tamanhas que o balcão servia também de assento. Fréhel, de pernas curtas e corpulenta, abria caminho brutalmente. Depois, empoleirada em um estrado improvisado com prateleiras de garrafas, empertigava-se, mãos na cintura, e entoava, com voz surda, que aos poucos se ampliava, uma voz enferrujada, a comovente canção de *Pépé le Moko*:

Onde está ele, meu moinho da Praça Branca
Meu tabaco e botequim da esquina
Todos os dias, para mim, eram domingo
Onde estão eles, meus amigos, meus companheiros
Onde estão eles, todos meus velhos bailinhos
Suas valsas, ao som do acordeão
Onde estão elas, minhas refeições sem bolo
Com um cone de fritas duplo
Onde estão eles, afinal?[5]

Não era encenação. Os companheiros da *Belle Époque* ela perdera definitivamente. E toda essa gente que vinha escutar sua miséria, era perceptível que Fréhel só tinha desprezo por eles.

Uma espécie de estupor melancólico e doloroso nos tomava a todos. Não era mais cinema, mas a verdade verdadeira, como dizem as crianças. O botequim da Mouffe soava mais verdadeiro do que a *casbah* de Alger. Prendia-se a respiração. Ninguém se atrevia nem a aplaudir.

Da plateia saiu certa noite um indigente com minúscula gaita na boca. Fréhel sinalizou que o deixassem tocar. Depois, majestosa, magnânima, foi procurar esse desconhecido, que não era comparsa.

---

[5] Où est-il mon moulin d'la place Blanche/ Mon tabac et mon bistrot du coin/ Tous les jours, pour moi, c'était dimanche/ Où sont-ils, mes amis, mes copains/ Où sont-ils, tous mes vieux bals musettes/ Leurs javas, au son de l'accordéon/ Où sont-ils mes repas sans galette/ Avec un cornet d'frites à deux ronds/ Où sont-ils donc? (N.T.)

FRÉHEL

De forma súbita, ela desapareceu, embrulhando-se em seu grande xale gasto.

Morreu no ano seguinte, em 1951, completamente ignorada.

Françoise Sagan
(1935-2004)

Em 1975, Françoise Sagan e Brigitte Bardot completam 40 anos. Brigitte compreende que deve parar. Em plena glória. Françoise, menos hábil, não percebe que sua carreira literária, por mais respeitável que ainda seja, não é mais a mesma.

Françoise Sagan e Brigitte Bardot simbolizaram para uma geração a liberação da mulher de todas as imposições, preconceitos, proibições.

Aplicando a elas esta reflexão de Madame du Châtelet, a amiga de Voltaire: "Nós só devemos buscar neste mundo sensações e sentimentos agradáveis."

A vontade de escrever apareceu cedo em Françoise Sagan. "Escrever", diz a mocinha, "para ficar rica e famosa."

Poucas resoluções semelhantes são imediatamente cumpridas. Aos 17 anos, publica seu primeiro livro, ao mesmo tempo encantador e escandaloso: *Bom-dia, tristeza*.

O sucesso é imediato, caso raro. Sucesso de mídia, sucesso de livraria, sucesso financeiro. Aos 25 anos, rica e famosa, gasta descontroladamente, jamais cuidando das finanças pessoais.

ELES SE ACREDITAVAM ILUSTRES E IMORTAIS...

No relacionamento com os editores, Françoise sempre confiara neles cegamente. E tinha razão. De René Julliard, de quem recebe, ao completar 17 anos, 20% de direitos autorais (o dobro do habitual), até Henri Flammarion, que publica, em 1977, seu décimo terceiro romance e não só lhe deposita pontualmente vultosas quantias mensais como também somas suplementares, quando ela pede.

Por que, subitamente, essa desconfiança irracional? Françoise contrata um perito para verificar suas contas. Ocorre o contrário do que ela crê. Ela é quem deve muito a seu editor.

Daí em diante, tudo começa a desmoronar.

Recorre a Jean-Jacques Pauvert, editor que está na moda, pouco adequado a ela (é outra moda) e que a decepciona.

Injuriado, Flammarion suspende os pagamentos e destrói os exemplares estocados dos romances de Françoise Sagan.

Os vínculos privilegiados com todos os editores se rompem por volta de 1980. Pauvert a processa em virtude da rescisão contratual abusiva. Ela é condenada a lhe pagar 8 milhões de francos de indenização.

Um caso de plágio coroa a imagem detestável da romancista mítica. Jean Hougron a acusa, com efeito, de inspirar o romance *Le Chien couchant* em uma de suas obras. Em 8 de abril de 1981, o tribunal a condena, sob a acusação de "reprodução ilícita", a retirar do mercado o romance, com destruição dos estoques e repartição dos direitos sobre os livros vendidos.

Em 1986, após uma batida policial, é condenada a um mês de prisão com direito a fiança e multa de 10 mil francos pelo consumo de droga.

Por mais que Françoise Sagan diga: "Eu tenho o direito de me matar da maneira que eu quero", ela não tem mais todos os direitos, nem em relação a seus editores, nem em relação à sua vida.

Todavia, sua figura legendária ainda é tenaz, já que o presidente eleito, François Mitterrand, é seu amigo fraterno. Almoçam frequentemente juntos, e Mitterrand a convida para viagem oficial a Bogotá. Volta urgentemente, em um Mystère 20, para tratar de edema pulmonar.

Françoise Sagan desejou viver aos atropelos. Uma velhice precoce a atormenta. Aos 54 anos, fratura a cabeça do fêmur.

Como pode abusar de sua amizade com Mitterrand se tornando cúmplice de um empresário, Guelfi, que lhe pede que obtenha a assinatura presidencial para um contrato de prospecção de petróleo no Uzbequistão? Guelfi garantirá ter depositado 3,5 milhões de comissão a Françoise por essa assinatura que parecerá usurpada.

Com esse negócio, a romancista destrói sua bela imagem desenvolta. Inútil ela ter ido para as Éditions Gallimard, seu prestígio autoral sofre a concorrência de escritores experientes.

Conhecerá então dois inimigos, indiferentes a seus talentos, fama, lenda: o fisco e o departamento da polícia de combate aos entorpecentes.

Quando os sonegadores corroem suas receitas, o fisco a acusa de dissimulação de ganhos, sobrecarregando-a de multas e com ameaça de prisão.

Sua derrocada é tão vertiginosa quanto seu sucesso.

Tudo o que foi sua vida brilhante desmorona. O castelo de Breuil é hipotecado, o fisco leiloa o de Roquemanville. Suas contas bancárias são bloqueadas. Todos os seus recebimentos são confiscados, exceto o mínimo vital, que não lhe permite nem mesmo pagar o aluguel de pequeno apartamento na rua de Lille, em Paris.

Caminha com dificuldade, quebra uma perna, arrasta-se de hospital em hospital.

Uma rica amiga e admiradora a acolhe na avenida Foch. Privada do que resta de sua alegre turma, Françoise foge para se instalar provisoriamente no hotel Lutetia. Logo é transportada para o hospital Georges-Pompidou em coma diabético.

É então que o título de seu primeiro livro se torna premonitório: *Bom-dia, tristeza.*

Bom-dia, tristeza. Bom-dia, queda!

Françoise só se desloca em cadeira de rodas e com máscara de oxigênio. Devem lavá-la e vesti-la.

Brigitte Bardot vem vê-la, mas a romancista se recusa a recebê-la para não expor sua ruína.

Morre em 24 de setembro de 2004. Ela não foi esquecida, mas não está mais na moda.

*Quem é esse velho
que corre na areia?*
(1887-1965)

Quem é esse velho, sempre de torso nu, cabelos brancos, bem curtos, desalinhados, óculos de lentes grossas com aros de casco de tartaruga, que corre na areia e se joga na água resolutamente? Nada para bem longe, chegando a inquietar certos banhistas.

Volta com a água escorrendo, evita os importunos, caminha rapidamente para a cabaninha onde se tranca até nos horários das refeições. O dono do botequim praiano é quem traz sua comida.

Quando indagado sobre o curioso inquilino, responde:

— Deixem-no em paz. Ele já foi muito importunado durante toda a sua vida. Tem direito ao repouso, não?

Curiosos são essa atenção e esse respeito prestados a ele pelo proprietário desse abominável boteco abaixo da estrada, onde o Antigo (assim os frequentadores do local designam o desconhecido) se tranca em um barracão de obra, curiosamente ali colocado.

Só sai para mergulhar. Nada com braçadas surpreendentemente vigorosas, considerando a idade que aparenta.

ELES SE ACREDITAVAM ILUSTRES E IMORTAIS...

É o único octogenário nessa minúscula praia à margem da autoestrada. Os recém-chegados se intrigam e depois se acostumam a esse estranho ancião.

Ao sair da cabaninha, olhos fixados no mar, alguns continuam a dizer:

— Olhe aí, o Antigo vai dar um mergulhinho.

Sem olhar ninguém, corre para a água.

— É um pouco orgulhoso esse seu cliente — dizem alguns ao dono do estabelecimento. — É como se a gente fosse umas medusas. Ele trata de não nos pisar, é o mínimo que se deve fazer.

— Deixem o Antigo em paz. Ele os incomoda? Não o chateiem.

Os dias passam tranquilos nesse verão de 1965. O Antigo fica trancado em sua cabaninha. O que será que ele faz? Deve assar lá dentro.

Ele tem, aliás, a pele bronzeada por suas idas e vindas do barracão ao mar.

Não fala com ninguém. Se o cumprimentam, não responde.

— Esse seu cliente não deixa de ser um pouco orgulhoso.

— Não é, não, ele só não gosta de que o chateiem.

— É isso, ele acha que somos uma chateação.

— Ora, deixem-no em paz. Durante toda a sua vida o aborreceram. Agora, nessa idade, ele bem que tem o direito de descansar.

* * *

QUEM É ESSE VELHO QUE CORRE NA AREIA?

O lugar nada tinha de um balneário de férias.

Perto da estação da ferrovia Nice-Vintimille, embaixo, a cabaninha fora colocada nos rochedos. A 50 metros abria-se a praia, minúscula.

Quem lhe teria escolhido essa paisagem miserável para moradia, distante dos padrões da Côte d'Azur?

Seria ele tão pobre, tão abandonado? E por que tão solitário?

Se bem que só o vissem praticamente nu, ele não aparentava ser pobre. Um burguês, falido, decerto, porém não um velho proleta.

Nos breves momentos em que aparecia, adivinhava-se, pela maneira como se comportava, algo de patrão, de chefe. Nada de incomodá-lo. Quem se arriscava a interpelá-lo fazia isso por sua conta. Era surdo? Orgulhoso demais? Por que escolhera morar nesse barracão?

— Diógenes em seu tonel — disse um dia alguém com instrução.

A reflexão não produziu efeito. Ninguém conhecia esse tal Diógenes. Ninguém enxergava tonel algum. Esses engraçadinhos...

Os dias passavam nesse verão escaldante.

Às vezes o Antigo ia até a arrebentação, voltava e começava a desenhar na areia molhada. As crianças, curiosas, acorriam e, decepcionadas, só percebiam riscos sem figuras. Quadrados, retângulos que o desconhecido comparava cuidadosamente, ficando ocasionalmente pensativo ou perplexo.

— Por que você não faz um castelo? — perguntou uma criança.

O Antigo sobressaltou-se, como se lhe tivessem batido no ombro, e tartamudeou:

— Um castelo, vejam só. E você, mora onde?

O Antigo apagou encolerizado seu desenho e mergulhou nas ondas.

Finalmente, deixaram de prestar atenção ao Antigo.

Até que um dia alguém se preocupou ao não vê-lo aparecer.

— Então, o Antigo partiu?

Claro que não, esta manhã ele foi visto correndo para o mar.

— Quem o viu voltar?

— Ninguém.

— De todo jeito, não éramos pagos para vigiá-lo.

— O dono do bar correu para o barracão.

Vazio.

— Sim, disse alguém, eu o vi nadar muito longe, depois o perdi de vista.

Estavam acostumados demais a suas singularidades.

O proprietário do botequim ficou tão transtornado que parecia ter perdido algum familiar.

O inquérito policial apontou afogamento.

* * *

QUEM É ESSE VELHO QUE CORRE NA AREIA?

No dia seguinte, todos os jornais imprimiam na primeira página:

MORRE LE CORBUSIER

"O maior arquiteto do mundo", declara André Malraux. Desaparecido acidentalmente no Mediterrâneo.

Impresso no Brasil pelo
Sistema Cameron da Divisão Gráfica da
DISTRIBUIDORA RECORD DE SERVIÇOS DE IMPRENSA S.A.
Rua Argentina 171 – Rio de Janeiro, RJ – 20921-380 – Tel.: 2585-2000